Andreas Johann Wagner

Monographie der Gattung Pomatias Studer

Andreas Johann Wagner

Monographie der Gattung Pomatias Studer

ISBN/EAN: 9783743698741

Hergestellt in Europa, USA, Kanada, Australien, Japan

Cover: Foto ©berggeist007 / pixelio.de

Weitere Bücher finden Sie auf **www.hansebooks.com**

MONOGRAPHIE
DER
GATTUNG POMATIAS STUDER

VON

Dr. A. J. WAGNER,
K. U. K. REGIMENTSARZT.

(Mit 10 Tafeln.)

BESONDERS ABGEDRUCKT AUS DEM LXIV. BANDE DER DENKSCHRIFTEN DER MATHEMATISCH-NATURWISSENSCHAFTLICHEN CLASSE
DER KAISERLICHEN AKADEMIE DER WISSENSCHAFTEN.

WIEN 1897.
AUS DER KAISERLICH-KÖNIGLICHEN HOF- UND STAATSDRUCKEREI.

IN COMMISSION BEI CARL GEROLD'S SOHN.
BUCHHÄNDLER DER KAISERLICHEN AKADEMIE DER WISSENSCHAFTEN.

MONOGRAPHIE

DER

GATTUNG POMATIAS STUDER

VON

Dr. A. J. WAGNER,
K. U. K. REGIMENTSARZT.

(Mit 10 Tafeln.)

(VORGELEGT IN DER SITZUNG AM 18. MÄRZ 1897.)

Vorrede.

Das ursprünglich für wenige Arten aufgestellte Genus *Pomatias* Studer umfasst heute, entsprechend der gebräuchlichen Auffassung und Übung der Systematik, sowie der fortgeschrittenen Durchforschung des paläarktischen Gebietes, vor Allem der Mittelmeerländer, eine grosse Zahl benannter Formen. Dadurch wurde die Kenntniss des Genus zunächt insoweit gefördert, als gezeigt wurde, dass dasselbe formenreich und weit verbreitet sei; die Unterscheidung dieser meist systemlos aneinander gereihten und vielfach mangelhaft beschriebenen Formen wurde jedoch mit der Zunahme der Zahl derselben immer schwieriger und konnte schliesslich nur von den betreffenden Autoren mit Sicherheit durchgeführt werden.

Westerlund versucht in seiner Fauna auch die Formen dieses Genus kritisch zu sichten, beschränkt die Artenzahl und erleichtert die Übersicht durch Aufstellung von Unterabtheilungen; die kurzen, in gedrängtem Stiele verfassten Beschreibungen, der Mangel von Abbildungen und vor Allem ungenügendes Vergleichsmaterial lassen auch diese ausgezeichnete Bearbeitung in mehrfacher Richtung unzureichend erscheinen.

Ein Versuch, die *Pomatias*-Formen meiner Sammlung mit der vorhandenen Fachliteratur in Einklang zu bringen, zeigte mir die Mängel derselben und veranlasste mich, das Material zu einer monographischen Behandlung dieses Genus vorzubereiten.

Durch die Unterstützung des k. k. zoologischen Hofmuseums in Wien, der k. k. zool.-botan. Gesellschaft in Wien, sowie der Herren Prof. Dr. O. Boettger, Prof. Dr. S. Brusina, Gymnasialdirector P. V. Gredler, Prof. D. Hirc, Dr. W. Kobelt, Marchese A. Monterosato, Cavaliere Napoleone Pini, Robert Jetschin, Prof. A. Stossich und k. k. Postcontrolor J. Stussiner gelang es mir, die meisten der hier besprochenen Formen in Originalexemplaren von zahlreichen Fundorten vergleichen zu können.

Ich bringe meinen besten Dank zum Ausdrucke.

Die im Nachfolgenden angeführten Ergebnisse meiner Untersuchungen beziehen sich lediglich auf Merkmale des Gehäuses und des Deckels, sie mögen nicht gering geachtet werden, da sie im vorliegenden Falle die wesentlichsten und der Beobachtung zugänglichsten sind.

Meine zahlreich angestellten Untersuchungen der Radula ergaben bis nun eine eintönige Gleichartigkeit der wesentlichen Merkmale dieses Organes; die Beschreibung der geringen Unterschiede würde nur einem in der Beobachtung desselben sehr geübten Auge einige Unterstützung bieten, die Veröffentlichung des wichtigsten Theiles dieser Arbeit aber jedenfalls unabsehbar verzögern.

Die anatomische Untersuchung der Weichtheile und vor Allem der Sexualorgane wird vor Allem durch das auffallend rasche Absterben der Thiere in der Gefangenschaft beeinträchtigt und konnte derzeit nur an verhältnissmässig wenigen Spirituspräparaten ausgeführt werden.

Ich zweifle nicht, dass die vergleichend-anatomische Untersuchung zahlreicher Formen genügend charakteristische Merkmale zur Unterscheidung einzelner Gruppen ergeben werde; dieselben werden im vorliegenden Falle die Merkmale, welche das Gehäuse und der Deckel bietet, ergänzen, die hier begründete Eintheilung des Genus *Pomatias* Studer aber nicht wesentlich umgestalten.

Wiener-Neustadt, März 1897.

Genus POMATIAS Studer.

Deckel: rund-eiförmig aus zwei dicht aneinander liegenden Platten gebildet, häutig oder hornartig, dünn und biegsam, oder mehr minder von Kalkauflagerungen bedeckt und durchsetzt, dann fest bis starr und zerbrechlich; durchsichtig bis undurchsichtig, glänzend bis matt, gelb, braun oder kalkweiss gefärbt.

Die vier langsam zunehmenden Umgänge des Deckels sind oft nur sehr undeutlich sichtbar oder durch eine mehr minder erhobene, kalkartige Spiralleiste geschieden und durch schief radiale Zuwachsstreifen gefächert; der Nucleus central.

Gehäuse: offen durchbohrt, theilweise bedeckt durchbohrt oder ungenabelt, kegelförmig bis schlank thurmförmig mit zahlreichen langsam und regelmässig zunehmenden Umgängen, einfärbig gelblich hornfarben bis rothbraun, durchscheinend oder milchig getrübt bis kalkweiss, gestrichelt oder gebändert.

Die ein, zwei bis drei spiralen Bänder sind selten zusammenhängend und bestehen zumeist aus mehr minder unterbrochenen, gelbbraunen bis dunkelrothbraunen Flecken.

Die Sculptur besteht aus mehr minder schiefen und gebogenen, radial gestellten Streifen bis zu groben oder flügelförmigen Rippen; wenige Formen sind nahezu glatt und nur selten ist eine Andeutung spiraler Sculptur vorhanden.

Die rund-eiförmige, kurz birnförmige bis nahezu kreisrunde Mündung ist meist erweitert, der Mundsaum lippenartig verdickt oder verdoppelt, verbunden bis zusammenhängend. Der Spindel- und Aussenrand des Mundsaumes sind vor der Insertion mehr minder auffallend verbreitert (geöhrt), der Spindelrand in der Seitenansicht ausserdem entweder gerade, winkelig eingebogen oder nach rückwärts umgeschlagen.

Die meisten Autoren berichten bezüglich des Deckels der *Pomatias*-Formen, dass derselbe aus zwei durch Luftkammern geschiedenen Platten bestehe; einen annähernd entsprechenden Befund weisen jedoch nur die Formen der Sectio *Titanopoma* n. (*P. auritus* Rossmässler) auf, doch besteht auch hier der Deckel wie bei den übrigen Formen des Genus zunächst aus zwei dicht aneinander liegenden Platten; die vordere dieser Platten besitzt ausserdem entsprechend den Windungen des Deckels eine erhobene, aus Kalkauflagerungen bestehende Spirallamelle und ebensolche radiale Zuwachsstreifen, in einiger Entfernung vom eigentlichen Deckel biegt sich diese Spirallamelle nach aussen um und legt sich der folgenden Windung an (s. Taf. X, Fig. 109 C), auf diese Weise entsteht eine dritte, aus weisser, spröder Kalkmasse gebildete und vom hornigen Theile des Deckels durch Luftkammern geschiedene Platte.

Diese extreme Bildung des Deckels bei der Sectio *Titanopoma* n. im Gegensatze zur häutigen oder hornartigen Beschaffenheit desselben bei der Mehrzahl der übrigen Formen des Genus wird übrigens durch Übergänge vermittelt und genügt bei der Übereinstimmung der übrigen wesentlichen Merkmale nicht, um diese Section als besonderes Genus abzutrennen. So besitzen die Formen der vorzüglich im Süden der Balkanhalbinsel verbreiteten Section *Pleuropoma* n. (*P. tesselatus* Rossm.) einen Deckel mit ebenfalls erhobener Spiralleiste und lamellenförmigen Zuwachsstreifen; die Spiralleiste ist aber hier nicht überhängend, so dass keine dritte Platte gebildet wird. Bei der Sectio *Stereopoma* n. ist diese Spiralleiste wenig erhoben, die Zuwachsstreifen kaum sichtbar, bei den übrigen Formen des Genus schliesslich kaum angedeutet oder der Deckel glatt.

Sehr constante und die Unterscheidung der einzelnen Formenkreise des Genus wesentlich unterstützende Merkmale bietet insbesonders die Beobachtung der vorhandenen, bis theilweise bedeckten oder geschlossenen Durchbohrung, in Verbindung mit der Beschaffenheit des Spindelrandes des Mundsaumes.

Die Beschaffenheit der Sculptur in Bezug auf Stärke und Abstand wechselt hier selbst bei den Formen derselben Art und des gleichen Fundortes bedeutend; constant und charakteristisch ist dagegen die Vertheilung der Rippen oder Streifen auf den einzelnen Umgängen, ihr mehr minder schiefer und gebogener Verlauf, sowie bei dem Nebeneinanderauftreten auffallend verschieden starker Rippen die Art des Alternirens derselben. Bemerkenswerth erscheint in dieser Beziehung das Verhalten der Embryonalwindungen, welche zumeist vollkommen glatt und glänzend sind, bei einzelnen, auch anderweitig abweichenden Formenkreisen aber constant gestreift erscheinen.

Die bei zahlreichen Formen häufig bis nahezu regelmässig auftretende Abstossung der obersten Umgänge wird in der Weise vorbereitet, dass die ausser Function gesetzten Theile des Gehäuses entweder nur durch eine neugebildete Zwischenwand abgetrennt, also leer und lufthaltig werden (*Titanopoma*, *Pleuropoma* und *Stereopoma*) oder durch feste Schalenmasse mehr minder vollkommen ausgefüllt erscheinen (Sectio *Rhabdotakra*). Im ersten Falle erfolgt die definitive Abstossung rascher und häufiger.

Das Vorkommen dieser Thiere ist den mir bekannt gewordenen Fundorten zufolge zunächst auf Kalkboden beschränkt; bemerkenswerth erscheint in dieser Beziehung ferner die auffallende Bevorzugung der Küstenländer, insbesondere jener des Mittelmeeres, ohne besondere Rücksicht auf die Höhenlage, also ein mildes Klima. Eine verhältnissmässig geringe Zahl von Arten dringt entlang der Gebirgsthäler tiefer in die Binnenländer ein oder ist geradezu auf dieselben beschränkt (auch in diesem Falle sind es zum Theile ehemalige Küstenländer, wie die südlichen Abhänge der Alpen gegen die Poebene oder die nordöstlichen Abhänge der Pyrenäen gegen das Thal der Garonne), viele Arten kommen dagegen nur in geringer Entfernung von der Küste vor.

Der Lebensweise und Ernährungsart nach sind die *Pomatias*-Formen Felsenschnecken, wie viele Clausilien und vorzüglich Pupen der Section *Torquilla* Stud., lieben dementsprechend übermässige Feuchtigkeit nicht und überdauern langdauernde Trockenheit und Sonnenbrand. Zerklüftete Kalkfelsen und Geröllhalden mit spärlicher Humuslage und entsprechender Vegetation, verwitterte, flechtenüberzogene Mauern, ausnahmsweise auch alte Bäume bieten ihnen entsprechende Lebensbedingungen; hier findet man dieselben frei an den Wänden haftend oder bei langdauernder Trockenheit in Spalten und unter Geröll am Fusse der Felsen, zwischen Pflanzen um Mulm.

Auf engbegrenztem Fundorte lebt meist nur die Form einer Art, mitunter auch zwei Arten, welche dann stets verschiedenen Formenkreisen oder Sectionen angehören.

Mit Rücksicht auf die verticale Verbreitung sind diese Thiere schon ihrer Lebensweise nach Gebirgsbewohner, viele Arten kommen noch bei einer Seehöhe von 1000 *m*, einzelne Formen sogar bis 1500 *m* Seehöhe vor.

Das Verbreitungsgebiet der mir bekannt gewordenen Formen dieses Genus erstreckt sich in Europa über den nordöstlichen Theil von Spanien, Südfrankreich, die Alpengebiete der Schweiz und Österreichs, ganz Italien mit Sicilien und Sardinien, den Westen und Süden der Balkanhalbinsel mit den benachbarten Inselgruppen entlang dieser Westküste, sowie den Inseln Creta im Süden, Euboea im Osten (ausschliesslich der Sporaden und Cykladen).

In Afrika finden sich echte *Pomatias*-Formen in den Sicilien benachbarten Küstenländern von Tunis und Algier, dieselben weisen eine bemerkenswerthe Übereinstimmung mit sicilianischen, zum Theile auch norditalischen Formen auf, gehören aber unbedingt eigenthümlichen Formenkreisen an.

P. lederi Boettger aus Kutais in Transkaukasien konnte ich nur nach einem einzigen Exemplare beurtheilen, dementsprechend ist derselbe sicher ein echter *Pomatias*, schliesst sich aber keinem der bekannten Formenkreise des Genus enger an und dürfte eine besondere Section vertreten.

Katalog des Genus Pomatias Studer.

Sectio EUPOMATIAS n.

a) Formenkreis *Turrita* Westerlund.

Pomatias (Eupomatias) henricae Strobel.
  » var. *illasiaca* Pini.
  » » *strigilata* n.
  » *illyrica* Westerlund.
  » *plumbea* Westerlund.
  » » *hüttneri* n.
  braueri n. sp.
  » var. *latestriata* n.

b) Formenkreis *Cinerasceus* n.

Pomatias (Eupomatias) elegans Clessin.
  » var. *irregularis* n.
  » » *spectabilis* n.
  oostoma Westerlund.
  » *tumida* n.
  » » *similis* n.
  cinerasceus Rossmaessler.

c) Formenkreis *Scalarina* n.

Pomatias (Eupomatias) scalarinus Villa.
  » var. *schmidti* (De Betta) Clessin.
  » *hirci* Hirc.

d) Formenkreis *Rara* n.

Pomatias (Eupomatias) lederi Boettger.

e) Formenkreis *Septemspiralis* n.

Pomatias (Eupomatias) septemspiralis Razoumovski.
  » » var. *agardhi* Pini.
  » *heydeniana* Clessin.
  » *bosniaca* Boettger.

Sectio RHABDOTAKRA n.

a) Formenkreis *Insubrica* n.

Pomatias (Rhabdotakra) insubricus Pini.

b) Formenkreis *Obscura* n.

Pomatias (Rhabdotakra) obscurus Draparnaud.
  » var. *partioli* Saint-Simon.
  jetschini n.
  apricus Mousson.
  nouleti Dupuy.
  » var. *arriensis* Saint-Simon.

Pomatias (Rhabdotakra) beriloni Fagot.
  „   „   „   var. kobelti n.
  „   „   martorelli Servain.
  „   „   „   var. rudicosta Bofill.
  „   „   „   „   nogneraè Fagot.
  „   „   hidalgoi Crosse.
  „   „   „   var. hispanica Saint-Simon.
                      c) Formenkreis Striolata n.
Pomatias (Rhabdotakra) striolatus Porro.
  „   „   var. lucusis De Stefani.
                „   isseliana Bourguignat.
          „   de filippii Pini.
                      Sectio STEREOPOMA n.
                      a) Formenkreis Turriculata n.
Pomatias (Stereopoma) turriculatus R. A. Philippi.
  „   var. caficii Benoit.
  „   „   „   „   circlica Westerlund.
  „   „   „   pirajnoi Benoit.
  „   „   alleryanns Paulucci.
                      b) Formenkreis Tunetana n.
Pomatias (Stereopoma) letourneuxi Bourguignat.
  „   „   var. henoni Bourguignat.
  „   „   perscianus Kobelt.
                      c) Formenkreis Sardoa n.
Pomatias (Stereopoma) sardous (Maltzan) Westerlund.
  „   „   „   var. apostata Westerlund.
                      Sectio AURITUS Westerlund.
                      a) Formenkreis Philippiana n.
Pomatias (Auritus) philippianus (Gredler) L. Pfeiffer.
  „   „   „   var. decipiens De Betta.
                      b) Formenkreis Cisalpina n.
Pomatias (Auritus) porroi Strobel.
  „   „   var. gredleri Westerlund.
  „   „   „   „   valsabina Pini.
  „   „   „   „   recondita Pini.
  „   „   „   „   stabilei Pini.
  „   „   subalpinus Pini.
                      c) Formenkreis Atlantica n.
Pomatias (Auritus) atlanticus Bourguignat.
  „   „   „   var. pechaudi Bourguignat.
                      d) Formenkreis Difficilis n.
Pomatias (Auritus) patulus Draparnaud.
  „   „   „   var. atticanica (Fagot) Westerlund.
  „   „   „   „   planata n.

Pomatias (Auritus) gualfiuensis De Stefani.
  »   »   var. *crosseana* Paulucci.
  »   »   » *agriotes* Westerlund.
  cupleurus Westerlund.
  gracilis L. Pfeiffer.
     var. *martensiana* Möllendorff.
     croatica L. Pfeiffer.
     reitteri Boettger.
     sturanii n.
     » *stussineri* n.
  cuboicus Westerlund.
  sospes Westerlund.
  elongatus Paulucci.
     »   var. *elegantissima* Paulucci.
  adamii Paulucci.
     »   var. *rudis* Paulucci.
           e) Formenkreis *Neglecta* n.
Pomatias (Auritus) *villae* (Spinelli) De Betta.
  tergestinus Westerlund.
     »   var. *tortiva* Westerlund.
     »   » *grahovana* Stossich.
  waldemari n. sp.
           f) Formenkreis *Nana*.
Pomatias (Auritus) *nanus* Westerlund.
  »   var. *dubia* n.
  »   » *stossichi* Hirc.
  »   *klecaki* Braun.
           g) Formenkreis *Dalmatina* n.
Pomatias (Auritus) *dalmatinus* L. Pfeiffer.

           Sectio PLEUROPOMA n.
           a) Formenkreis *Tesselata* n.
Pomatias (Pleuropoma) *tesselatus* Rossmässler.
  »   »   »   var. *achaica* Boettger.
  »   »   »   » *coerulea* n.
  »   »   »   » *athenarum* Saint-Simon.
  »   »   »   » *grisea* Mousson.
  dionysi Paulucci.
  corcyrensis Westerlund.
  hellenicus Saint-Simon.
     »   var. *maxima* n.
  westerlundi Paulucci.
           Sectio TITANOPOMA n.
Pomatias (Titanopoma) *auritus* Rossmässler.
     var. *meridionalis* Boettger.
     »   *panleia* Letourneux.
     montenegrina n.

Sectio **EUPOMATIAS** n.

Deckel: häutig, dünn biegsam und durchsichtig, gelblich gefärbt, aus zwei zarten, dicht aneinander liegenden Membranen gebildet. Die Umgänge und Zuwachsstreifen ganz undeutlich mit centralem Nucleus Gehäuse: klein bis mittelgross, eng aber offen genabelt. Die Embryonalumgänge glatt und glänzend, die folgenden gestreift bis gerippt. Der Mundsaum einfach bis verdoppelt, der Spindelrand gegen die Insertion zu allmählich verschmälert, aber weder winkelig eingebogen, noch nach rückwärts umgeschlagen.

Das Verbreitungsgebiet der Arten dieser Section erstreckt sich über das Alpengebiet, Kroatien, Bosnien, Dalmatien mit den benachbarten Inseln und das Riongebiet in Kaukasien.

Übersicht der Formenkreise.

a) *Turrita* Westerlund. Gehäuse mittelgross, thurmförmig mit schlankem Gewinde und zahlreichen sehr langsam zunehmenden Umgängen; der Spindelrand des Mundsaumes ohrförmig verbreitert, dem vorletzten Umgange sehr genähert oder demselben dicht angelegt; die Sculptur der Umgänge schwach bis undeutlich.

Verbreitung: südöstliches Alpengebiet.

b) *Cinerascens* n. Gehäuse klein und zierlich, unter den Formen dieses Genus am weitesten genabelt, der letzte Umgang wenig erweitert, vorne kaum hinaufsteigend. Die Mündung nahezu kreisförmig, der Mundsaum einfach bis schwach verdoppelt, schmal umgeschlagen, verbunden, zusammenhängend bis losgelöst. Die Sculptur sehr schief und gebogen.

Verbreitung: Kroatisches Küstenland und Süddalmatien.

c) *Scalarina* n. Merkmale und Verbreitung des *P. scalarinus* Villa.

d) *Rara* n. Merkmale und Verbreitung des *P. Lederi* Boettger.

e) *Septemspiralis* n. Merkmale und Verbreitung des *P. septemspiralis* Razoumovski.

a) Formenkreis *Turrita* Westerlund.

Pomatias (Eupomatias) henricae Strobel.

Taf. 1, Fig. 1 *a*, *b*.

Pomatias Henricae Strobel, Not. malacol. Trentino 1851, p. 18.
  • " " var. *Strobeli* Pini, Novità Malacologiche 1884 in Atti della Società ital., p. 34—36, fig. 7.
  • *(Turritus) Henricae* Strob. var. *Lyssogyrus* Westerl., Fauna V, p. 134.
  • *Henricae* Strob. var. *glaucina* Gredler, Nachträge zur 1. Abth. d. Fauna Tirols.

Gehäuse: offen durchbohrt, schlank, thurmförmig mit verhältnismässig dickem Apex; die Seiten im Profile gerade, gegen die Spitze etwas concav, frisch, wenig glänzend bis matt. Die gelbgraue bis graubraune Grundfarbe von einem aschgrauen Anfluge mehr minder verdeckt, die Mündung aussen lichter umrandet (frische Exemplare mit Thier und nicht abgeriebenem Anfluge haben auf den oberen Umgängen oft eine ausgesprochen blaugraue Färbung; häufig bemerkte ich ausserdem bei lichter gefärbten, gelbgrauen Gehäusen dunklere schief radiale Striemen und einen weisslichen Streifen entlang der Naht der unteren Umgänge).

Die 8—9 sehr langsam und regelmässig zunehmenden Umgänge sind wenig gewölbt, auf der Mitte oft nahezu flach, gegen die eingedrückte Naht leicht gekantet; der letzte unten etwas abgeflacht, mehr minder deutlich stumpfkantig, vor der Mündung erweitert, rasch und hoch hinaufsteigend. Die Sculptur ist meist nur auf den oberen Umgängen vorhanden und weist alle Grade von sehr schwachen, nur mit der Lupe bemerkbaren Streifen bis zu deutlichen Rippenstreifen bei sonst vollkommen glattem oder kaum gestreiftem Gehäuse auf; die Streifen schief, sehr dicht und etwas gebogen. Die Mündung ist gedrückt kreisförmig bis stumpfeiförmig, unten wenig zurückweichend oder nahezu senkrecht, innen leberbraun. Der Mundsaum ist schwach bis stark verdoppelt; der Innensaum (wenn vorhanden) verbunden bis zusammenhängend, stumpf, etwas vorragend und wie der Gaumen mehr minder intensiv braun gefärbt; der Aussensaum getrennt oder durch einen zarten Callus verbunden, lichter bis weisslich, dünn, scharf, ausgebreitet, etwas trichterförmig ausgehöhlt, an beiden Insertionen zu abgerundeten Lappen verbreitert. Der breitere Spindellappen ist dem vorletzten Umgange sehr genähert oder breit angelegt und verdeckt, so die Ansicht des Nabels von vorne, aber nicht von oben.

$$L = 10\cdot 8. \quad B = 4\cdot 5. \quad M = 3\cdot 5\,mm.$$

Originalexemplar des Autors von Tezze in Valsugana.

Ich beurtheile diese Art zunächst nach den Originalexemplaren Strobel's von Tezze in Valsugana, welche mir Herr P. Gredler zur Untersuchung überliess. Dieselben weisen unter Anderem sehr flache Umgänge, eingedrückte, etwas kantige Naht, schwachen Basalkiel, schwache Verdoppelung des Mundsaumes und gelbgraue Grundfarbe mit aschgrauem Anfluge auf.

Wie Gredler im »Neuen Verzeichnisse d. Conch. v. Tirol u. Vorarlberg 1894« nachweist, entspricht die var. *lyssogyra* Westerl. dieser typischen Form; Exemplare der var. *Strobeli* Pini, welche mir der Autor mit der Fundortsangabe Valle di Cismone mittheilte, sind ebenfalls mit der typischen Form von Tezze identisch. Als weitere Fundorte der typischen Form führe ich Carotti im Val di Astico, Bez. Lavarone, ferner das Brentathal von Tezze und Oliero bis Bassano an. Hier finden sich mitunter auch Gehäuse, welche eine stärkere Wölbung der Umgänge, schwächeren Basalkiel, kräftigere Verdoppelung des Mundsaumes bei noch immer obsoleter Streifung aufweisen. Solche Exemplare erhielt ich auch von Primiero unter der Bezeichnung *P. henricae* Strobel var. *glaucina* Gredler; dieselben zeichnen sich mitunter durch vollkommen glattes Gehäuse, gut erhaltenen Anflug und dementsprechend blaugraue Färbung aus. Mit *P. plumbeus* Westerl. ist diese Form aber gewiss nicht identisch, wie Gredler vermuthet, sondern repräsentirt noch gut die typische Form. Exemplare aus Caldonazzo und Luserna in Südtirol besitzen etwas stärker gewölbte, deutlicher gestreifte Umgänge, mehr ausgesprochene Verdoppelung des Mundsaumes und nahezu gerundeten letzten Umgang. Noch stärker, jedoch durch Abstufungen vermittelt, treten diese Merkmale (Wölbung, Streifung bis Rippenstreifung der oberen Umgänge, Verdoppelung des Mundsaumes) an Exemplaren von Vallarsa im Val Arsa, Val Sella auf; ich fasse dieselben als Übergangsformen zur var. *illasiaca* Pini auf.

— var. **illasiaca** Pini.

Taf. 1, Fig. 2.

Novità malac. in Atti della Soc. Ital. d. sc. natur. Vol. XXVII, T. 12, F. 10, p. 375.

Das Gewinde dicker, nach oben langsamer verschmälert, die Umgänge mehr gewölbt, dicht und fein rippenstreifig; die Rippchen schief, leicht S-förmig gebogen, gegen die Mündung zu rasch abgeschwächt. Die Färbung wie bei der typischen Form, der Mundsaum schwach bis deutlich verdoppelt.

$$L = 9. \quad B = 3\cdot 8. \quad M = 2\cdot 9\,mm.$$

Der Autor übergab mir Exemplare dieser Form vom Originalfundorte Giazza im Val d'Illasi, Prov. Verona. Vollkommen entsprechende Exemplare kenne ich aus dem benachbarten Ronchithale bei Ala in Südtirol.

— var. **strigillata** n.

Taf. 1, Fig. 3.

Das Gehäuse wie bei der var. *illasiaca* Pini, die oberen Umgänge dicht und fein gerippt, der letzte bis zur Mündung rippenstreifig; die Rippen weiss oder weiss gestrichelt, besonders an der Naht.

$$L = 9\cdot 3. \quad B = 4\cdot 2. \quad M = 3\cdot 2\,mm.$$

Die vorstehende Varietät weist unter allen mir bekannt gewordenen Formen des *P. henricae* Strobel die kräftigste Sculptur auf. Meine Exemplare stammen von Cimolais nordöstlich von Belluno in den Venetianer Alpen.

— var. **illyrica** Westerl.

Taf. 1, Fig. 4.

Fauna, V, p. 134.

Das Gehäuse: rothbraun mit schwachem grauen Anflug; das Gewinde lang und schlank ausgezogen. Die 10 stark gewölbten Umgänge nehmen rascher zu, sind oben rippenstreifig, gegen die Mündung in abnehmender Stärke dicht gestreift, der letzte an der Basis gerundet. Der Mundsaum besonders kräftig verdoppelt, der Aussensaum weiss und auffallend breit.

$$L = 11, \quad B = 4\cdot 2, \quad M = 3\cdot 6\, mm.$$

Westerlund übergab mir Exemplare dieser Form mit der Fundortsangabe Flitsch im Isonzothale (nördlich von Görz). Entsprechende, mitunter aber noch schlanker ausgezogene Exemplare, welche mich veranlassen, die vorstehende Varietät gegenüber der — var. *plumbea* Westerl. beizubehalten, kenne ich ausserdem von Pontebba, Chiusaforte und Resuitta im benachbarten Fellathale. Sowohl bei Flitsch, als den genannten Orten im Fellathale finden sich eben auch Übergangsformen, welche schliesslich von der var. *plumbea* Westerl. nicht mehr unterschieden werden können. (Die Form von Pontebba befindet sich unter der Bezeichnung *P. pontebbanus* Stossich im Verkehre.)

— var. **plumbea** Westerl.

Taf. 1, Fig. 5.

Pomatias (Turritus) plumbeus Westerl., Nachrichtsblatt d. deutsch. malac. Gesellsch. 1878, S. 100 (part).
» *patulum* auctor germanor.

Gehäuse: kegelig thurmförmig, röthlich hornfarben bis rothbraun mit schwachem grauem bis bläulichem Reif, wenig glänzend bis matt. Die 8—9 stark gewölbten Umgänge sind oben rippenstreifig bis gestreift, unten gestreift bis glatt, der letzte unten gerundet. Der Mundsaum ist meist kräftig verdoppelt, der Aussensaum ziemlich breit, an der Spindelinsertion dem vorletzten Umgange sehr genähert oder denselben berührend (nicht angelegt).

$$L = 9, \quad B = 3\cdot 9, \quad M = 3\, mm.$$

Originalexemplar Westerlund's angeblich aus der Umgebung von Triest (vermuthlich von Cervignano bei Görz).

$$L = 9\cdot 5, \quad B = 4\cdot 3, \quad M = 3\cdot 3\, mm.$$

Raibl in Kärnthen.

Das Verbreitungsgebiet der var. *plumbea* Westerl. erstreckt sich nach meiner Auffassung über das Canalthal in Kärnten (Tarvis, Raibl, Pontaffel), das untere Isonzothal (Karfreit, Cervignano bei Görz) und den nordwestlichen Theil von Krain (Pisencathal).

— var. **hüttneri** n.

Taf. 1, Fig. 6.

Gehäuse: constant kleiner, dunkelrothbraun mit zartem bläulichen Reif; das Gewinde bei verhältnissmässig breiterer Basis, kürzer und dicker. Die 8 Umgänge sind gewölbt, oben dicht rippenstreifig, gegen die Mündung zu in abnehmender Stärke deutlich gestreift. Die Mündung ist mehr gerundet, unten meist etwas zurückweichend; der Mundsaum schwach bis deutlich verdoppelt, der Aussensaum gegen die Spindelinsertion allmählig verschmälert, dem vorletzten Umgange etwas genähert.

$$L = 8, \quad B = 3\cdot 6, \quad M = 2\cdot 6\, mm.$$

Von der nächst verwandten var. *plumbea* Westerl. unterscheidet sich die vorstehende Form durch ihr kürzeres und dickeres Gewinde, die weniger gewölbten, langsamer zunehmenden Umgänge, die meist kräftigere Sculptur, dunklere Färbung und constant schwächere Entwicklung des Mundsaumes.

Mein Freund, k. u. k. Oberlieutenant Louis Hüttner, welcher die Alpenländer mir zu Liebe seit Jahren auch an schwer zugänglichen Orten nach Mollusken durchforscht, entdeckte diese Form entlang der Sohlenleitung von Steg nach Hallstadt in Oberösterreich. In Dr. Kobelt's Sammlung befindet sich dieselbe mit der Fundortsangabe Alt-Aussee in Obersteiermark. *P. henricae* Strobel var. *Hüttneri* n.

erscheint besonders durch das bisher isolirte Auftreten in der nördlichen Kalkzone der Alpen bemerkenswerth.

Das Verbreitungsgebiet der Formenreihe des *P. Henricae* Strobel erstreckt sich über Südtirol, die angrenzenden Theile von Venetien, die westlichen Theile von Kärnten, Krain und die Grafschaft Görz. Die Fundorte bei Hallstadt und Aussee dürften in der Jetztzeit kaum in Verbindung mit dem südlichen Verbreitungsgebiete stehen. Die Meeresküste erreicht diese Art an keinem mir bekannten Punkte.

Pomatias (Eupomatias) braueri n. sp.

Taf. 1, Fig. 7 *a. b.*

Gehäuse: kegelförmig mit breiter Basis und dünner Spitze, festschalig, wenig glänzend bis matt, licht hornbraun bis gelbbraun, bläulich getrübt. Häufig sind zwei hellbraune, ziemlich verwaschene Bänder vorhanden, welche meist nur am letzten Umgange deutlicher hervortreten.

Die 7—8 Umgänge sind gewölbt und werden durch eine ziemlich tiefe Naht geschieden; der letzte ist unten gerundet oder etwas abgeflacht und leicht gekantet, gegen die Mündung zu erweitert, langsam, aber deutlich hinaufsteigend.

Die Sculptur besteht aus dichten und feinen Rippenstreifen; dieselben sind schief, leicht gebogen, lichter gefärbt und werden am letzten Umgange nur wenig schwächer. Die Mündung ist nahezu kreisförmig bis stumpfeiförmig, unten zurückweichend, innen gelbbraun gefärbt; der Mundsaum einfach bis verdoppelt, der Innensaum dünn und niedrig, durch eine zarte Schwiele verbunden, der Aussensaum umgeschlagen, wenig ausgebreitet, schmal und scharf, an der Spindel nicht verschmälert, dem vorletzten angelegt; die Ränder genähert oder durch eine sehr schmale und zarte Schwiele verbunden.

$$L = 7 \cdot 7, \quad B = 3 \cdot 8, \quad M = 2 \cdot 6 \, mm.$$

Diese Art wurde von mir am Berge Klek nächst Ogulin in Kroatien bei einer Seehöhe von 800 bis 1200 *m* an verhältnissmässig trockenen und vegetationsarmen Kalkfelsen gesammelt.

— var. latestriata n.

Taf. 1, Fig. 8.

Das Gehäuse grösser, intensiver bläulich getrübt, weitläufiger, kräftiger und etwas ungleichmässig gerippt, die Umgänge weniger gewölbt.

Die Mündung rundeiförmig, oben leicht gewinkelt.

$$L = 8 \cdot 4, \quad B = 4 \cdot 1, \quad M = 3 \, mm.$$

Ebenfalls von mir auf der Visočica und dem Vakanski vrh im Velebič südlich von Gospić in Kroatien bei einer Seehöhe von 600—1300 *m* gesammelt.

Das Verbreitungsgebiet des *P. Brauerii* n. scheint den bekannt gewordenen Fundorten zufolge auf die alpine und subalpine Region des Kapellagebirges und des Velebič beschränkt zu sein.

Die Art vermehrt also die verhältnissmässig grosse Zahl der diesem Gebiete eigenthümlichen Formen und erscheint auch aus dem Grunde bemerkenswerth, als sie den sonst isolirten Formenkreis des *P. Henricae* Strobel mit jenem des *P. cinerascens* Rossmässler verbindet.

Von *P. Henricae* Strobel unterscheidet sich vorstehende Art durch ihre kegelförmige Gestalt mit rascher zunehmenden meist stärker gewölbten Umgängen, die stets viel kräftigere und weitläufige Sculptur, die meist vorhandenen braunen Bänder bei bläulich getrübter Grundfarbe, den an der Mündung weniger erweiterten, schwächer hinaufsteigenden letzten Umgang und die unten deutlicher zurückreichende Mündung; *P. elegans* Clessin besitzt dagegen einen weiteren Nabel, stärker gewölbte, kräftiger und weitläufiger gerippte Umgänge, einen an der Mündung weniger erweiterten, kaum hinaufsteigenden letzten Umgang und eine unten mehr zurückweichende Mündung mit deutlich verbundenem, zusammenhängenden bis losgelösten Mundsaum.

b) Formenkreis *Cinerascens* n.

Pomatias (Eupomatias) elegans Clessin.

Taf. I, Fig. 9 a, b.

Pomatias elegans Clessin, Nachrichtsblatt d. deutschen malacozool. Gesellsch. XI. Jahrg. S. 122, 1879.

Gehäuse: thurmförmig, nach oben langsam verschmälert, ziemlich fest, graugelb bis rothbraun, bläulich getrübt, um die Mündung nahezu weiss, häufig mit zwei schmalen hellbraunen Bändern; matt, wenig durchscheinend.

Die 8—9 gut gewölbten Umgänge werden durch eine tiefe Naht geschieden, der letzte ist unten gerundet oder leicht gekantet und steigt vorne sehr wenig und langsam hinauf. Die Sculptur besteht aus sehr schiefen, leicht S-förmig gebogenen, dünnen, lichter bis weiss gefärbten Rippchen, welche auf den oberen und mittleren Umgängen ziemlich weitläufig stehen, vor der Mündung dichter und etwas schwächer werden.

Die Mündung ist nahezu kreisförmig, innen gelbbraun, wenig erweitert, unten stark zurückweichend; der Mundsaum einfach bis schwach verdoppelt, schmal umgeschlagen und ausgebreitet, scharf; die Ränder genähert und durch eine Schwiele verbunden, oder fast zusammenhängend.

$$L = 8 \cdot 1, \quad B = 3 \cdot 7, \quad M = 2 \cdot 6 \, mm.$$

Fundort: Podgorje am Velebith.

Ich beschreibe diese Art nach Originalexemplaren Clessin's, welche mir von Dr. Boettger mit der Fundortsangabe Podgorje am Velebith mitgetheilt wurden. Dieselbe Form und ebenfalls von Podgorje erhielt ich von Dr. Kobelt unter der Bezeichnung *P. oostoma* Westerl. Der Vergleich mit Originalexemplaren des *P. oostoma* Westerl., welche ich der Güte des Autors verdanke, zeigte mir, dass beide Formen einander sehr nahe stehen, ja dass nur extrem entwickelte Exemplare sicher unterschieden werden können. Jedenfalls gehören beide Formen einer Art an, für welche ich die ältere Bezeichnung *P. elegans* Clessin beibehalte. Vollkommen typische Exemplare dieser Art erhielt ich ausserdem von Professor S. Brusina mit der Fundortsangabe »Velebith« in Kroatien. An weiteren mir bekannt gewordenen Fundorten weicht die Art mit Rücksicht auf die Zunahme, Wölbung und Sculptur der Umgänge, Weite des Nabels, Entwicklung des Mundsaumes mehr minder auffallend von der typischen Form ab.

— var. irregularis n.

Taf. I, Fig. 11.

Das Gehäuse: enger durchbohrt, einfärbig und schlanker, die 8 Umgänge weniger gewölbt, der letzte unten stets deutlich gekantet. Die Rippen bezüglich der Stärke und des Abstandes etwas ungleichmässig, auf den unteren Umgängen auffallend gröber, weitläufiger, aber niedrig und stumpf. Der Mundsaum einfach oder kaum verdoppelt, kaum ausgebreitet und stumpf, die Ränder verbunden oder zusammenhängend.

$$L = 7 \cdot 4, \quad B = 3 \cdot 3, \quad M = 2 \cdot 2 \, mm.$$

Professor S. Brusina übergab mir diese Form mit der Fundortsangabe »Velebith«.

— var. spectabilis n.

Taf. I, Fig. 12.

Das Gehäuse enger durchbohrt, schlank thurmförmig, rothbraun mit weissen Rippen und 2 undeutlichen Binden am letzten Umgange. Die 9 gut gewölbten Umgänge nehmen langsamer zu, der letzte ist unten gerundet und steigt vor der Mündung gar nicht an. Die Sculptur besteht aus kräftigen, weitläufigen und hohen Rippen, welche gegen die Mündung zu niedriger und dichter werden. Die nahezu kreisförmige Mündung weicht unten stark zurück, der einfache oder schwach verdoppelte Mundsaum ist sehr schmal umgeschlagen, kaum ausgebreitet, die Ränder verbunden.

$$L = 7 \cdot 1, \quad B = 3, \quad M = 2 \, mm.$$

Diese schöne, in Färbung und Sculptur an *Alopia Haueri* Bielz erinnernde Form übergab mir Professor S. Brusina mit der Fundortsangabe »Lukovo Žugarje« südlich von Zengg in Kroatien.

— var. oostoma Westerl.

Taf. I, Fig. 10 a, b.

Pomatias (Auotus) oostoma Westerl., Gesellsch. S. 188, 1883.

Das Gehäuse: weiter genabelt, kreiselförmig konisch, unten bauchig, nach oben verschmächtigt; einfärbig, röthlichbraun mit schwacher bläulicher Trübung.

Die 7—8 Umgänge nehmen rascher zu und sind stärker gewölbt, der letzte ist unten gerundet und steigt vor der Mündung sehr langsam und kaum bemerkbar hinauf. Die stärkeren Rippen sind schiefer und besonders am letzten Umgange weitläufiger. Die rund-eiförmige Mündung ist kaum erweitert, der Mundsaum einfach bis schwach verdoppelt, sehr schmal umgeschlagen, zusammenhängend.

$$L = 7, \quad B = 3 \cdot 6, \quad M = 2 \cdot 3 \, mm.$$

Fundort: Zengg.

Diese Form liegt mir ebenfalls in Originalexemplaren Westerlund's mit der Fundortsangabe Velebith ad Samar vor. Die Bezeichnung Samar kommt weder im Velebith noch überhaupt in Kroatien vor und dürfte in Folge undeutlicher Schreibweise aus Segna-Zengg entstanden sein. Aus der Umgebung von Zengg besitze ich eben zahlreiche Exemplare, welche mit den erwähnten Originalexemplaren Westerlund's übereinstimmen. Da die Form von Podgorje als *P. elegans* Clessin aufzufassen ist, die weitere Fundortsangabe Westerlund's »Julische Alpen« (also der nördliche Theil von Görz und der Nordwesten von Krain), wie mir ein guter Kenner dieser Gegend, Herr J. Stussiner aus Laibach mittheilt, kaum richtig ist, so bleibt eben nur Zengg als einziger sicherer Fundort des *P.* — var. *oostoma* Westerl.

— var. tumida n.

Taf. I, Fig. 13 a, b.

Das Gehäuse: weiter genabelt, kurz kegelförmig mit sehr breiter Basis und kurzem, nach oben rasch verschmälertem Gewinde, röthlich hornfarben mit bläulichem Anfluge, mitunter mit zwei sehr verwaschenen hellbraunen Bändern am letzten Umgange.

Die sieben Umgänge sind stärker gewölbt und nehmen rascher zu, der letzte ist unten gerundet und steigt vor der Mündung nicht hinauf. Die Sculptur besteht aus sehr dichten und feinen Rippchen, welche am letzten Umgange in Streifen übergehen; die Rippchen und Streifen sind sehr schief, leicht S-förmig gebogen. Die rund-eiförmige Mündung ist innen gelbbraun und weicht unten stark zurück; der Mundsaum einfach, kaum umgeschlagen, zusammenhängend und theilweise oder ganz losgelöst.

$$L = 6 \cdot 7, \quad B = 3 \cdot 6, \quad M = 2 \cdot 5 \, mm.$$

Diese auffallende, im Habitus an ein *Cyclostoma* erinnernde Form sammelte ich auf dem Berge Visočica im Velebith, südlich von Gospić.

— var. similis n.

Taf. I, Fig. 14.

Das Gehäuse: einfärbig hornbraun bis rothbraun, mit weissen, weitläufigen, weniger schiefen und gebogenen, aber dünnen, hohen und scharfen Rippen, welche gegen die Mündung zu rasch schwächer und dichter werden. Die acht Umgänge sind gut gewölbt, der letzte unten gerundet und vor der Mündung deutlich hinaufsteigend. Die nahezu kreisförmige Mündung ist deutlich erweitert und weicht unten stark zurück; der Mundsaum deutlich verdoppelt, der Aussensaum umgeschlagen, ziemlich breit, scharf, die Ränder verbunden.

$$L = 7 \cdot 5, \quad B = 3 \cdot 3, \quad M = 2 \cdot 5 \, mm.$$

Von S. Brusina mit der Fundortsangabe Ostaria zwischen Gospić und Carlopago mitgetheilt.

Das Verbreitungsgebiet dieser Formenreihe scheint den zuverlässigen Fundortsangaben nach nur auf die höheren Lagen des Velebith in Kroatien beschränkt zu sein. Bei Zengg und Lukovo Zugarje berührt dasselbe jenes des *P. scalarinus* Villa var. *Hirci* Hirc.

P. elegans Clessin zeigt, besonders an einzelnen Exemplaren der Varietäten der *P. —* var. *irregularis* n. und *P. —* var. *spectabilis* n., eine auffallende Ähnlichkeit mit *P. cinerascens* Rossm. und wurde, wie die kroatischen Fundortsangaben für diese Art bezeigen, auch mit derselben verwechselt.

P. elegans Clessin besitzt im Gegensatze zu *P. cinerascens* Rossm. stets eine dickere, mehr minder deutlich bläulich getrübte Schale, einen kräftiger entwickelten (dickeren, mehr ausgebreiteten, deutlicher verdoppelten, meist zusammenhängenden) Mundsaum, sehr veränderliche Sculptur (im Allgemeinen schwächere, dichtere, mehr schiefgestellte Rippen und Streifen) und häufig deutliche braune Bänder am letzten Umgange. Die Umgänge nehmen meist rascher zu, der letzte ist unten meist etwas abgeflacht und häufig leicht gekantet.

Pomatias (Eupomatias) cinerascens Rossm.

Taf. II, Fig. 15 *a, b.*

Cyclostomum cinerascens Rossm., Iconographie, F. 406.

Gehäuse: verlängert kegelförmig bis schlank thurmförmig, ziemlich dünn und durchscheinend; einfärbig gelbgrau oder hornbraun mit lichteren bis weissen Rippen (mitunter in Folge eines zarten grauweissen Anfluges wie bestäubt aussehend), matt.

Die 8—9 Umgänge sind gewölbt, nehmen langsam zu und werden durch eine tiefe Naht getrennt; der letzte ist unten gerundet, vor der Mündung kaum erweitert, sehr wenig oder gar nicht hinaufsteigend. Die Sculptur besteht aus gleichartigen kräftigen und scharfen, grauweissen, schiefen, leicht S-förmig gebogenen Rippen, welche auf den ersten Umgängen dichter, auf den mittleren und letzten in zunehmendem Grade weitläufig stehen. Die nahezu kreisförmige Mündung weicht unten stark zurück und ist im Gaumen gelblich gefärbt. Der zumeist einfache, mitunter schwach, selten deutlich verdoppelte Mundsaum ist scharf und dünn, kaum oder schmal umgeschlagen; die Ränder an den Insertionen nicht verbreitert, genähert, vollkommen getrennt, oder durch eine dünne Schwiele verbunden.

$$L = 7\cdot 3, \quad B = 3\cdot 5, \quad M = 2\cdot 4 \, mm.$$

Fundort: Ragusa.

Das Verbreitungsgebiet dieser Art erstreckt sich entlang der Küste Süddalmatiens von der Narentamündung bis zur Landschaft Canali südlich von Ragusa und berührt dasjenige des *P. scalarinus* Villa nicht.

An den mir bekannt gewordenen Fundorten beobachtete ich meist nur geringe Abweichungen [1] bezüglich der Höhe und Form des Gewindes, Entwicklung der Sculptur und des Mundsaumes.

Exemplare aus Canali südlich von Ragusa zeichnen sich besonders durch ein auffallend schlankes Gewinde bei verhältnissmässig schmaler Basis, dementsprechend langsamer zunehmenden Umgänge, engeren Nabel und kleinere Mündung aus; dieselben entsprechen anscheinend dem *P. cinerascens* Rossm. var. *Beauforti* Clessin (Malacozool. Blätter N. F. IX, 1887, S. 61), deren Originalfundort »Jankao vrh, Crivoscie« etwas südlicher, aber benachbart liegt.

P. cinerascens Rossm. wird anscheinend oft mit *P. scalarinus* Villa und *P. gracilis* L. Pfeiffer verwechselt.

Von *P. scalarinus* Villa unterscheidet sich vorstehende Art durch das stets einfärbige Gehäuse, die stärkere Wölbung der Umgänge, die bis zur Mündung weitläufigen und kräftigen Rippen, sowie die nahezu kreisförmige, unten auffallend zurückweichende Mündung mit einem meist einfachen und schmalen Mundsaum.

P. gracilis Pfeiffer ist stets ungenabelt, der Mundsaum an der Spindel geöhrt, sodann nach rückwärts umgeschlagen, die Rippen weniger gebogen, schwächer und besonders am letzten Umgange auffallend dichter.

---

[1] Fundorte des *P. cinerascens* Rossm.: Ragusa, Berg Sergio bei Ragusa, Brgat bei Ragusa, die Gegend der Narentamündung.

(Wagner.)

c) Formenkreis Scalarina n.

Pomatias (Eupomatias) scalarinus Villa.

Taf. II, Fig. 16 a, b.

Cyclostoma scalarinum Villa, Dispos. system. 1841, p. 58.
Pomatias formosus Letourneux, Bull. Soc. malac. Fr. 1885, p. 205.
» *concinnus* » » » » 1885, p. 205.
» *fenzianus* » » » » 1885, p. 206.

Gehäuse: verlängert kegelförmig bis thurmförmig, die Seiten in der Profilansicht leicht convex, gelblich oder graulich hornfarben, weiss gestrichelt, mit drei mitunter undeutlichen rothbraunen Fleckenbinden auf den unteren Umgängen. Umgänge 8—9, gewölbt, langsam und regelmässig zunehmend, durch eine ziemlich tiefe Naht geschieden, dicht und fein gerippt; die Rippen schief, etwas gebogen, auf dem letzten Umgange dichter und schwächer. Der letzte Umgang gleichmässig gerundet, vor der Mündung erweitert, nicht sehr hoch, aber rasch hinaufsteigend. Die Mündung stumpf-eiförmig, oben leicht gewinkelt, unten wenig, aber deutlich zurückweichend. Der Mundsaum weiss, kaum bis stark verdoppelt; der Innensaum zusammenhängend oder durch eine Schwiele verbunden, von dem Aussensaum oft durch eine Furche geschieden und vollkommen überragt. Der Aussensaum dünn und scharf, meist breit umgeschlagen, etwas concav oder nahezu flach, vor der Spindelinsertion am breitesten, sodann rasch verschmälert, an derAusseninsertion gleichbreit dem vorletzten Umgange angelegt; die Ränder genähert inserirt.

$L = 9, \; B = 3 \cdot 7, \; M = 3 \cdot 1 \, mm.$

Fundort: Zara.

$L = 6 \cdot 5, \; B = 2 \cdot 9, \; M = 2 \cdot 3 \, mm.$

Fundort: Insel Lesina.

Ich beurtheile *P. scalarinus* Villa nach Exemplaren vom Originalfundorte Zara in Dalmatien. Demzufolge erstreckt sich das Verbreitungsgebiet der typischen Form über Dalmatien nördlich von Spalato, den westlichen Theil von Istrien und einzelne Orte im Görzer Küstenlande. Dr. Boettger übergab mir ferner ein Exemplar dieser Art, welches E. Reiter angeblich in Corfù gesammelt hat; dasselbe entspricht bis auf die etwas feineren und auf den oberen Umgängen weitläufigeren Rippen der typischen Form. An Exemplaren von Dalmatien und den benachbarten Inseln beobachtete ich nur geringe Abweichungen bezüglich der Form und Höhe des Gewindes, der Färbung, der Dichtigkeit und Stärke der Rippen.

In Istrien und dem Görzer Küstenlande leben jedoch an den Fundorten der typischen Form[1] auch Exemplare in bemerkenswerther Zahl, welche durch stärkere Wölbung der Umgänge, kürzeres oder schlankeres Gewinde, dichtere oder weitläufigere Rippen den Übergang zu den nachstehend angeführten Varietäten vermitteln:

P. formosus Letourneux aus Scardona,
P. concinnus Letourneux aus Spalato und
P. fenzianus Letourneux aus Sebenico unterscheiden sich von der typischen Form durch keine wesentlichen Merkmale. (Eine Auffassung der Systematik, welche so wenig verschiedenen und wie hier nur in einzelnen Exemplaren, also individuell abweichenden Formen, Artberechtigung zuerkennt, würde meinem Materiale noch allein bei dem individuenreichen und weit verbreiteten Formenkreise des *P. scalarinus* Villa Veranlassung finden, mindestens ein halbes Hundert Arten zu unterscheiden).

[1] Fundorte der typischen Form:

h. Dalmatien: Zara, Oltre, n. Lukoran auf der Insel Uglian bei Zara, Sali auf der Insel Lunga, Vrana bei Zara, Bukanjae bei Zara, Kistanje, Knin, Slivnica, Spalato, Žerava nördlich von Zara, Jesenica nördlich vom Mare di Novigrad, Drniš und Promina, Sebenico (meist einfärbig, dichter, feiner gerippt, Mundsaum häufig schwächer entwickelt, schmal), Scardona (gross, lebhaft gefärbt, mitunter schlank thurmförmig), Insel Lissa (meist kleiner, verlängert kegelförmig), Insel Lesina (meist einfärbig, auch unter der Bezeichnung *P. gracilis* im Verkehre), Insel Unije im Quarnero (gross, einfärbig).

In Istrien und dem Görzer Küstenland: Parenzo, Opčina am Karst (vollkommen der typischen Form entsprechend), Villa nuova, Monfalcone, Nabresina (weitläufiger gerippt, einfärbig).

— var. **schmidti** (De Betta) Clessin.

Taf. II, Fig. 19.

Pomatias (Scalarinella) Schmidti (De Betta) Clessin, Moll.-Fauna Österr.-Ung., S. 602.
* (*Anolus*) *Vallae* (Stossich) Westerl., Fauna V, S. 110.

Gehäuse: kleiner, verlängert kegelförmig, mit breiterer Basis, einfärbig oder mit schwachen Fleckenbändern. Die Umgänge deutlich stärker gewölbt, dichter und feiner, mitunter etwas ungleichmässig gerippt. Die Mündung verhältnissmässig grösser.

$$L = 6\cdot5, \quad B = 3\cdot2, \quad M = 2\cdot3 \, mm.$$

Fundort: Görz.

$$L = 6\cdot9, \quad B = 3\cdot2, \quad M = 2\cdot5 \, mm.$$

Fundort: Opčina bei Triest.

P. Schmidti Clessin und *P. Vallae* Westerl. stellen meinem Materiale nach dieselbe Form des *P. scalarinus* Villa dar, welche sich eben nur in extrem entwickelten Exemplaren durch die angeführten Merkmale vom Typus unterscheidet, jedoch durch zahlreiche Übergangsformen mit demselben verbunden ist.

Charakteristische Exemplare dieser Form kenne ich aus dem Karstgebiet zwischen Triest und Monfalcone, ferner aus dem nördlichen Istrien. Entlang der westlichen und südlichen Küste Istriens findet ein allmäliger Übergang zur typischen Form, im östlichen Istrien und bei Fiume zur — var. *Hirci* Hire statt.

Von Dr. Boettger erhielt ich ferner 2 Exemplare dieses Genus mit der Bezeichnung *P. patulus* Drap. var. *attivanicus* Fagot aus Frioul in Südfrankreich (gesammelt von Schmacker); hievon erwies sich ein Exemplar zu meiner Überraschung als sicherer *P. scalarinus* Villa, in einer der var. *Schmidti* De Betta [1] sehr nahestehenden Form.

P. scalarinus Villa kommt gegenwärtig in Italien nicht vor (die entsprechenden Angaben beruhen durchwegs auf unrichtiger Bestimmung). Der südfranzösische Fundort könnte die Vermuthung begründet erscheinen lassen, dass die Art in einer früheren geologischen Zeitperiode, als die Poebene noch Meer, der südliche Abhang der Alpen noch Küstengebiet waren, auch in Norditalien lebte. (*P. scalarinus* Villa ist, wie unten ausführlicher besprochen, eine echte Küstenform.)

— var. **hirci** Hire.

Taf. II, Fig. 17, 18.

Pomatias hirci Hire, Verhandl. d. k. k. zool.-botan. Gesellsch. in Wien, XXX. Bd., 2. Halbjahr, S. 521, 1880.

Gehäuse: schlank, kegelförmig, gelblichweiss bis licht hornfarben, mit und ohne Fleckenbinden. Die Umgänge mehr gewölbt, der letzte vor der Mündung deutlicher hinaufsteigend. Die Rippen höher und besonders auf den oberen Umgängen auffallend weitläufiger; die Mündung mehr gerundet, der Aussensaum breiter.

$$L = 7\cdot1, \quad B = 3\cdot1, \quad M = 2\cdot3 \, mm.$$

Fundort: Buccari.

Der Originalfundort dieser zierlichen Form ist Buccari bei Fiume; noch auffallendere Exemplare mit nahezu flügelförmigen, weitläufigeren, auf den oberen Umgängen geradezu vereinzelten Rippen kenne ich von Zengg. Der Verbreitungsbezirk des P. — var. *Hirci* Hire [2] erstreckt sich über das kroatische Litorale von Zengg bis Fiume; in der Umgebung von Fiume treten Formen auf, welche durch kürzeres Gewinde, dichtere Costulirung einen allmäligen Übergang zur — var. *Schmidti* (de Betta) Clessin vermitteln.

---

[1] Fundorte der — var. *schmidti* (de Betta) Clessin:
Trebič bei Triest, Opčina bei Triest, San Daniel, Grotte von Orleg, Borst, S. Croče, Repen am Karst (sämmtliche Orte am Karst zwischen Triest und Monfalcone), Montona, im nördlichen Istrien, San Stefano, Salvore bei Pirano; Übergang zur typischen Form Albona, Porto Rubac, Tersato bei Fiume, Übergang zur var. *Hirci* Hire.

[2] Fundorte der var. *hirci* Hire.
Zengg, Novi, Buccari, Buccarica, Portoré, Martuščica, Scurigne, Fiume, Fiumera-Schlucht, Surinja-Thal bei Fiume und Ponikve, nach Hire ausserdem noch das Scoglio di S. Marco.

Die bekannt gewordenen Fundorte des *P. scalarinus* Villa liegen mit Ausnahme von Knin, Drnis und Promina sämmtlich dicht an der Küste des Adriatischen Meeres. (Typische, jedoch anscheinend verkümmerte Exemplare dieser Art erhielt ich ferner mit *P. gracilis* Pf. var. *croatica* Pf. gemengt auch aus Gospič und Graćac in Südkroatien; doch könnten die betreffenden Exemplare auch zufällig in die Kästchen gelangt sein.)

Bemerkenswerth erscheint ferner der Umstand, dass zwischen den typischen Vorkommnissen der Art von Dalmatien und Istrien nur durch die entsprechenden Vorkommnisse auf den Inseln Ugliano, Lunga und Unije ein Zusammenhang angedeutet wird, während die zwischenliegende kroatische Festlandsküste nur von der — var. *Hirci* Hire bewohnt wird. Westlich von Monfalcone, also auch aus Italien, ist mit Ausnahme des erwähnten Exemplares von Frioul in Südfrankreich kein sicherer Fundort des *P. scalarinus* Villa bekannt.

d) Formenkreis *Rara* n.
Pomatias (Eupometias) lederi Boettger.

Taf. II, Fig. 20 a, b.

Pomatias Lederi Boettger, Jahrbücher d. deutschen Malacozool. Gesellsch. VIII, 1881, S. 244, Taf. 9, Fig. 22.

Gehäuse: verlängert kegelförmig mit dünnem Apex und verhältnissmässig breiter Basis, ziemlich dünnschalig, wenig glänzend, licht hornfarben mit drei deutlichen braunen Fleckenbändern und lichteren Rippen. Die $8\frac{1}{2}$—9 Umgänge sind ziemlich gewölbt und werden durch eine vertiefte Naht geschieden; der letzte ist unten gerundet bis fast gekielt und steigt vor der Mündung sehr wenig oder gar nicht hinauf.

Die Sculptur besteht aus fadenförmigen, scharfen, schiefen und bis zur Mündung gleichstarken Rippen, welche auf den oberen Umgängen dicht, auf den mittleren ziemlich weitläufig, gegen die Mündung zu abermals dichter stehen. Die Mündung ist rund-eiförmig, oben leicht gewinkelt, unten deutlich zurückweichend; der Mundsaum verdoppelt, der Innensaum durch eine dünne Schwiele verbunden, der Aussensaum dünn und scharf, umgeschlagen, ziemlich ausgebreitet, gegen die Insertionen zu verschmälert, an der Spindel in der Seitenansicht deutlich nach rückwärts winkelig eingebogen.

$$L = 9.4, \quad B = 4.4, \quad M = 3.1 \; mm.$$

Dr. Boettger übergab mir ein Exemplar dieser Art aus Kutais in Mingrelien, welches einen unten gerundeten letzten Umgang aufweist, während derselbe sonst als gekantet oder nahezu gekielt bezeichnet wird. Dieses Merkmal ist aber bei den Formen dieses Genus sehr unbeständig und daher von geringer Werthigkeit, indem bei zahlreichen Arten selbst Exemplare des gleichen Fundortes bald einen gerundeten, bald mehr minder gekanteten letzten Umgang besitzen.

Bei meinem Exemplare werden ferner die fadenförmigen Rippen der mittleren Umgänge durch 2—3mal so breite Zwischenräume geschieden.

P. lederi Boettg. nähert sich durch die Form und Färbung der Schale, sowie die Beschaffenheit des Mundsaumes den Vertretern der Sectio *Rhabdotakra* A. J. Wagner, besitzt jedoch glatte Embryonalwindungen, welchem Merkmal ich hier eine besondere Werthigkeit zuerkenne.

Der Deckel ist, wie bei den übrigen Arten dieser und der vorher behandelten Sectionen, dünn, biegsam und durchsichtig, mit kaum angedeuteten Windungen; die Durchbohrung deutlich und offen.

Über die Ausdehnung des Verbreitungsgebietes der echten *Pomatias* in Westasien, namentlich das mögliche Vorkommen derselben in Armenien und Kleinasien lassen sich derzeit nur Vermuthungen anstellen.

e) Formenkreis *Septemspiralis* n.
Pomatias (Eupometias) septemspiralis Razoumovski.

Taf. II, Fig. 21 a, b.

Helix septemspiralis Razoum., Hist. natur. Jorat., p. 278, 1789.
Cyclostoma patulum b Drap., Tabl. Moll. p. 39, Nr. 2, 1801.
maculatum Drap., Hist. Moll. p. 39, Nr. 13, t. 1, f. 12, 1805.

Monographie des Genus Pomatias Studer.

Gehäuse: eng bis sehr eng durchbohrt, kegelförmig bis verlängert kegelförmig mit verhältnissmässig breiter Basis, nach oben rasch verschmälertem Gewinde und dünnem Apex; gelblich hornfarben mit drei Reihen rothbrauner Flecken und radiären Striemen auf den mittleren und unteren Umgängen, um die Mündung eine gelbliche bis weisse Zone mit verschwimmenden Flecken.

Die acht gut gewölbten Umgänge werden durch eine tiefe Naht geschieden, der letzte ist unten gerundet, gegen die Mündung zu glockenförmig erweitert und ziemlich hoch hinaufsteigend.

Die Sculptur besteht auf den oberen und mittleren Umgängen aus ziemlich dichten, feinen und scharfen Rippen, welche auf dem letzten Umgange und besonders gegen die Mündung zu in dichte Rippenstreifen und Streifen übergehen. Die Rippen und Rippchen sind ferner etwas schief, leicht gebogen und meist mit dem Gehäuse gleichfärbig, nur vereinzelt und stellenweise lichter gefärbt.

Die Mündung ist rund eiförmig, unten zurückweichend, innen mit einer milchweissen, ziemlich breiten Schmelzablagerung versehen.

Der Mundsaum schwach bis kräftig verdoppelt; der Innensaum niedrig, durch eine Schwiele verbunden oder etwas vorragend und zusammenhängend, der Aussensaum trichterförmig ausgehöhlt, scharf, unten schmal, an der Spindel ohrförmig verbreitert, sodann rasch verschmälert und häufig etwas nach rückwärts umgebogen, wodurch der Nabel verengt oder theilweise bedeckt wird; aussen breit inserirt. Die Ränder genähert.

Fundort: Culoz.
$$L = 8·6, \quad B = 4, \quad M = 3·1 \; mm.$$

Fundort: Gmunden.
$$L = 8·4, \quad B = 4·1, \quad M = 3 \; mm.$$

Ich gehe bei der Beurtheilung dieser wenig wandelbaren Art zunächst von Exemplaren aus den französischen Alpen und dem Jura aus.

Dementsprechend erstreckt sich das Verbreitungsgebiet der typischen Form [1] über das südwestliche Frankreich, die Schweiz mit den benachbarten Gebieten Süddeutschlands und die Alpenprovinzen Österreichs. Innerhalb dieses Gebietes beobachtete ich nur unwesentliche Schwankungen bezüglich der Grösse, Höhe des Gewindes, Stärke und Dichte der Sculptur. Erst an den südlichen und östlichen Grenzen dieses Gebietes, d. i. in Norditalien und Tirol einerseits, Krain, Südsteiermark, Kroatien und Bosnien anderseits, treten Formen auf, welche auffallender vom Typus abweichen und unter Berücksichtigung der geographischen Verbreitung als Varietäten aufgefasst werden können.

— var. agardhi Pini.

Taf. II, Fig. 22.

Pomatias Agardhi Pini in Atti soc. ital. di sc. natur. Vol. XXVII, t. XII, f. 5.
» *intermedius* Pini in Atti soc. ital. di sc. natur. Vol. XXVII, t. XII, f. 8.
» *septemspiralis* Razoum. var. *gardensis* Pini in Atti soc. ital. di sc. natur. Vol. XXVII, t. XII, f. 6.

Das Gehäuse durchschnittlich grösser, verlängert kegelförmig bis thurmförmig, mit schmälerer Basis und höherem Gewinde. Die 8—9 Umgänge meist dichter gerippt, die Fleckenbänder schwächer oder ganz fehlend.

Der Mundsaum meist kräftig verdoppelt.
$$L = 10, \quad B = 4·2, \quad M = 3·4 \; mm.$$

Fundort: Lovere in Valle Cavallina.

P. agardhi Pini, ebenso die gleichzeitig citirten Formen Pini's, liegen mir in Originalexemplaren vor, welche ich der Freundlichkeit des Autors verdanke. Dementsprechend sehe ich in diesen Formen nur mehr

---

[1] Fundorte des *P. septemspiralis* Razoum. Typus:
Culoz (Ain), Donjeaux (Haute Marne), Châmbéry (Savoie), Chatillon (Ain), Serrone in der Schweiz, Salzburg, Strobel am Wolfgangsee, Gmunden, Ischl, Hallstatt (Oberösterreich), Wörschach (Steiermark), Tarvis, Malborghet (Kärnten), Sestine bei Agram, Markuševac bei Agram, Dolje bei Sused (Übergangsformen zur Var. *Heydemana* Clessin).

minder extrem entwickelte Exemplare einer einzigen in Norditalien und Südtirol weiter verbreiteten Varietät des *P. septemspiralis* Razoum.[1] *P. intermedius* Pini wird vom Autor und auch von Westerlund als undurchbohrt und einfärbig beschrieben, Westerlund stellt denselben sogar in die Gruppe *Auritus*; die vorliegenden Originalexemplare finde ich jedoch deutlich durchbohrt, zum Theile rothbraun gefleckt und überhaupt von *P. agardhi* Pini nicht verschieden, aber auch von *P. septemspiralis* Razoum. eben nur durch die oben angeführten Merkmale abweichend. *P. septemspiralis* Razoum. var. *gardensis* Pini besitzt ein etwas kürzeres Gewinde und breitere Basis als die vorher angeführten Formen, und bildet so einen Übergang zum Typus.

Solche Übergangsformen finden sich jedoch meinem Materiale nach an denselben Fundorten neben Exemplaren, welche *P. agardhi* Pini und *P. intermedius* Pini entsprechen. Es erscheint mir aus diesem Grunde weder gerechtfertigt, noch praktisch durchführbar, diese schwankenden Formen als Arten neben *P. septemspiralis* Razoum. beizubehalten.

— var. **heydeniana** Clessin.

Taf. II, Fig. 23 a, b.

Nachrichtsblatt d. deutschen Malac. Gesellsch. 1879, S. 121.

Das Gehäuse: kegelförmig, schärfer gerippt, der letzte Umgang vor der Mündung stärker erweitert, bis aufgeblasen. Die Mündung durch eine dicke milchweisse Schmelzablagerung verengt, der Mundsaum einfach bis kräftig verdoppelt, der Aussensaum viel breiter.

L = 8, B = 3·8, M = 3 mm.

Nach der Angabe des Autors lebt diese Form im Kapellagebirge, ich kenne dieselbe aus dem grössten Theile von Krain, Südsteiermark und Kroatien, wo sie den Typus ersetzt.[2] In Südkroatien erscheint diese Form in ihren wesentlichen Merkmalen sehr beständig, im Norden und Westen ihres Verbreitungsbezirkes treten jedoch in zunehmender Zahl Übergangsformen zum Typus und der var. *agardhi* Pini auf. So finden sich an den Krainer Fundorten dieser Varietät zahlreiche Exemplare mit höherem Gewinde, dichterer Streifung bei noch immer kräftig entwickeltem Gaumencallus, welche den Übergang zur var. *agardhi* Pini vermitteln.

— var. **bosniaca** Boettger.

Taf. II, Fig. 24.

Boettger, Jahrbuch d. deutschen Malac. Gesellsch. 1885.

Das Gehäuse kleiner, dünnschaliger, kegelig thurmförmig, dichter und feiner gerippt, um die Mündung wenig lichter gefärbt. Der Gaumencallus sehr schwach, der Mundsaum einfach bis schwach verdoppelt, der Aussensaum sehr schmal.

L = 7·3, B = 3·4, M = 2·7 mm.

Fundort: Nemila, Bosnien.

Diese Varietät ist mir nur von Nemila und Sarajevo in Bosnien bekannt geworden, dürfte in diesem Lande jedoch ebenso häufig und zahlreich auftreten, wie die entsprechenden Formen in anderen Gebieten.

P. septemspiralis Razoum. besitzt im Gegensatze zu den meisten Arten dieses Genus ein verhältnissmässig sehr weites Verbreitungsgebiet, welches jedoch an keinem mir bekannten Punkte die Meeresküste

---

[1] Fundorte der var. *agardhi* Pini:
Como und Mandello am Como-See, Bovegno bei Brescia, Val Sassina, Val Serina, Monte Presolano, Lovere (Lombardei), Vallarsa (Südtirol).

[2] Fundorte der — var. *heydeniana* Clessin:
Gebäsi bei Brod a d. Kulpa, Bezek bei Agram, Stabica nördlich von Agram, Drežnik, Karlstadt, Ogulin, Klek bei Ogulin, Kapella bei Jezerane, Svica bei Otočac, Prokikve bei Bründl, Umgebung der Plitvicer Seen, Slujn, Ozalj, Kostanjevac (Kroatien), Papuk-Gebirge, Slavonien), Gonobitz (Südsteiermark), Obergurk, Ribčova planina, Kot-Thal am Triglav, Polšica-Graben bei Podrast, Jauerburger-Grab.n, Gipsova jama bei Bischoflack, Ljubnik-Berg bei Bischoflack, Freudenthaler Forst bei Franzdorf, Treffen, Laibacher Schlossberg, Ober- und Unter-Skrill, Ledenica-Grotte zwischen St. Georgen und Auersperg, Kofflern bei Mittersdorf und

erreicht. Dasselbe erstreckt sich über das ganze Alpensystem und wahrscheinlich den Nordwesten der Balkanhalbinsel. Aus den Apenninen ist mir kein sicherer Fundort dieser Art bekannt geworden. Unter Exemplaren des *P. affinis* Benoit aus Sicilien fand ich wohl ein typisches! Exemplar des *P. septemspiralis* Razoum., dasselbe dürfte jedoch nur zufällig in diese südliche Gesellschaft gelangt sein. Diese Art schliesst sich mit Rücksicht auf die deutlich vorhandene Durchbohrung, welche nur bei Formen mit extrem verdicktem Mundsaum verengt oder mitunter theilweise bedeckt wird, die Beschaffenheit des Deckels und die glatten, niemals abgestossenen Embryonalwindungen den Formen dieser Section an, nimmt aber innerhalb derselben eine ähnlich isolirte Stellung wie *P. Lederi* Boettger ein.

Sectio RHABDOTAKRA n.

Deckel: rund eiförmig, durchsichtig, glänzend, gelblich gefärbt, aus zwei dünnen elastischen, dicht aneinander haftenden Membranen gebildet; mit vier undeutlich sichtbaren, langsam zunehmenden Umgängen, nahezu centralem Nucleus und sehr schwachen Zuwachsstreifen.

Das Gehäuse im Verhältnisse zu anderen Formen des Genus gross bis mittelgross, offen durchbohrt, einfärbig oder gebändert; das oberste Band nahezu constant in annähernd dreieckige Flecken aufgelöst. Die Umgänge wenig gewölbt bis flach und schon von der Spitze an deutlich gestreift, bis fein gerippt. Die obersten 1½ bis 2 Umgänge häufig abgestossen oder das Lumen derselben durch Kalkablagerung ausgefüllt.

Der Mundsaum zumeist einfach und nur lippenartig verdickt, häufig auch deutlich verdoppelt, an der Spindel etwas verbreitert, gegen die Insertion zu rasch verschmälert und in einem nach vorne offenen Winkel eingebogen.

Die Arten dieser Section weisen untereinander einen auffallend gleichartigen Habitus auf, erscheinen aber anderen Gruppen des Genus gegenüber besonders durch ihre constant gestreiften Embryonalwindungen und die Beschaffenheit des Spindelrandes der Mündung (winkelige Einbiegung desselben) sicher gekennzeichnet. Die Decollirung der obersten Umgänge tritt hier nicht constant (auch bei den einzelnen Arten verschieden häufig), aber so häufig auf, dass dieselbe unbedingt als wesentliches Merkmal und nicht als Abnormität aufgefasst werden muss; dieselbe wird übrigens, wie schon oben erwähnt, durch die Verkalkung des Lumens der oberen Umgänge vorbereitet.

Das Centrum des Verbreitungsgebietes dieser Section liegt in den Pyrenäen und erstreckt sich den bekannt gewordenen Fundorten zufolge in Spanien bis zum Ebrothale und entlang des Cantabrischen Gebirgszuges bis Oviedo in Asturien; nördlich der Pyrenäen finden sich sichere Vertreter dieser Section noch im südlichen und mittleren Frankreich, der Westschweiz und dem westlichen Theil von Norditalien, erreichen also die Westalpen.

Übersicht der Formenkreise.

a) Insubrica n. Merkmale und Verbreitung des *Pomatias insubricus* Pini.

b) Obscura n. Gehäuse verlängert kegelförmig bis thurmförmig mit wenig gewölbten, durch seichte Naht geschiedenen Umgängen; die Sculptur besteht aus dichten, wenig schiefen, kaum gebogenen Rippchen und Streifen, der Mundsaum ist einfach bis schwach verdoppelt und lippenartig verdickt.
Verbreitung: spanische und französische Pyrenäen, französische Alpen und Westschweiz.

c) Striolata n. Gehäuse kegelförmig bis verlängert kegelförmig mit gewölbten, rasch zunehmenden, durch ziemlich tiefe Naht geschiedenen Umgängen; die Sculptur besteht aus verschiedenartig alternirenden, schiefen und S-förmig gebogenen Rippchen und Streifen. Der einfache bis schwach verdoppelte Mundsaum ist dünn und schmal.
Verbreitung des *Pomatias striolatus* Porro.

a) Formenkreis *Insubrica* n.

Pomatias (Rhabdotakra) insubricus Pini.

Taf. III, Fig. 25 *a, b, c.*

Pomatias insubricum Pini. Atti soc. ital. di sc. natur. Vol. XIX, fasc. I. 26. Nov. 1876. Sep.-Abdr. p. 5.
* *Canestrinii* Adami, Moll. Oglio in Atti soc. Ven.-Trent. V, 1876, p. 79, f. 17 -18.

Gehäuse: eng durchbohrt, verlängert kegelförmig mit schmaler Basis, hohem schlanken Gewinde und sehr häufig abgestossener Spitze, dickschalig, etwas durchscheinend, einfärbig gelblich bis röthlich, hornfarben, schwach bläulich getrübt mit grauweissem Anfluge, im frischen Zustande matt.

Die 9—10 sehr wenig gewölbten bis flachen Umgänge nehmen langsam und regelmässig zu und werden durch eine seichte, rinnenförmig eingedrückte Naht geschieden; der letzte steigt vorne langsam, aber deutlich hinauf, ist unten leicht gekantet bis ausgesprochen gekielt.

Die Sculptur besteht aus sehr dichten und feinen, wenig schiefen, leicht *S*-förmig gebogenen Rippenstreifen, welche auf den Embryonalumgängen ausgewachsener Exemplare meist abgerieben und nur schwach sichtbar, auf dem letzten Umgange überhaupt sehr schwach sind.

Die kurz birnförmige Mündung ist senkrecht, oben deutlich gewinkelt, im Gaumen gelblich gefärbt. Der Mundsaum verdickt, milchweiss, einfach bis kaum verdoppelt, etwas umgeschlagen, kaum ausgebreitet, an der Spindel auffallend winkelig eingebogen; die Ränder ziemlich entfernt, aber durch eine Schwiele verbunden.

$$L = 13·8, \quad B = 5·5, \quad M = 4·4 \; mm.$$

P. insubricus Pini ist bisher nur von wenigen Orten der Bergamasker Alpen bekannt geworden (meine von Pini mitgetheilten Exemplare stammen aus dem Valle Seriana und dem Valle di Scalve).

Durch die Beschaffenheit der Mündung und des Mundsaumes, die wohl nur bei jungen und frischen Exemplaren deutlich sichtbare Sculptur der Embryonalwindungen, sowie die häufige Abstossung derselben bei ausgewachsenen Exemplaren kennzeichnet sich *P. insubricus* Pini als Vertreter dieser Section.

b) Formenkreis *Obscura* n.

Pomatias (Rhabdotakra) obscurus Draparnaud.

Taf. III, Fig. 26 *a, b, c, d.*

Cyclostoma obscurum Drap., Hist. natur., p. 39, t. 1, f. 13, 1805.
Pomatias crassilabrum Dupuy, Catal. extr. Gall. Test. Nr. 255, 1849 et Hist. Moll. France, p. 511, t. 26, f. 11.
* *Hucli* Kobelt, Nachrichtsblatt d. deutschen Malacozool. Gesellsch. XIV, S. 121, 1882.

Gehäuse: verlängert bis gethürmt kegelförmig mit kleinem, abgerundeten Apex, matt und undurchsichtig, die Grundfarbe gelbbraun oder hornbraun, um die Mündung lichter mit drei rothbraunen Fleckenbinden. Die oberste Binde an der Naht ist regelmässig in annähernd dreieckige Flecken aufgelöst und erscheint meist schon an den mittleren, seltener auch an den oberen Umgängen; die zwei unteren Binden werden erst am letzten Umgange deutlicher und begrenzen eine lichte Zone, welche die mitunter vorhandene stumpfe Basalkante markirt.

Die 8—9 Umgänge sind wenig gewölbt und werden durch eine seichte Naht geschieden; der letzte steigt vor der Mündung kaum oder gar nicht hinauf. Die oberen und mittleren Umgänge sind dicht und gerippt bis rippenstreifig, die unteren Umgänge, besonders vor der Mündung feiner und dichter rippenstreifig bis deutlich gestreift.

Die Rippchen und Streifen sind etwas schief, leicht *S*-förmig gebogen und gruppenweise weiss gestrichelt, die so gebildeten weisslichen Flecken alterniren mit den rothbraunen. Die birnförmige Mündung weicht unten nur wenig zurück, oder ist nahezu senkrecht.

Der Mundsaum schmal umgeschlagen, wenig ausgebreitet, innen jedoch durch eine milchweisse Auflagerung verdickt, bis schwach verdoppelt; die Ränder etwas genähert und durch eine Schwiele verbunden.

$$L = 13, \quad B = 6, \quad M = 4·4 \; mm.$$

Originalexemplar aus Draparnaud's Sammlung.
$$L = 13·8, \quad B = 5·6, \quad M = 4·3 \, mm.$$
Fundort: Cauterets, Hautes-Pyrénées.
$$L = 11·7, \quad B = 5·5, \quad M = 3·8 \, mm.$$
Fundort: Pau.

Ich beurtheile diese heute nahezu verschollene Art nach den Originalexemplaren Draparnaud's, welche sich im k. k. Wiener Hofmuseum befinden.

Der Vergleich mit zahlreichen Exemplaren des *P. crassilabrum* Dup., unter anderen auch solchen von den Originalfundorten Bagnères de Bigorre und Lourdes zeigte mir, dass letztere Art von *P. obscurus* Drap. nicht zu trennen ist. Den besten Beweis, dass die genannten Arten von einander nicht zu unterscheiden sind, hat die Praxis erbracht, denn diejenigen Autoren und Sammler, welche *P. crassilabrum* Dup. erkennen, suchen meist vergeblich nach *P. obscurus* Drap. und umgekehrt.

Die mehr minder kräftige Entwicklung des Mundsaumes entspricht bei den Formen dieses Genus meist nur einem Wachsthumsstadium; ein bestimmter Grad der Entwicklung des Mundsaumes kann nur dann als unterscheidendes Merkmal aufgefasst werden, wenn derselbe constant und hinreichend auffallend auftritt. Dies ist hier nicht der Fall, denn Exemplare des gleichen Fundortes weisen meist nur vereinzelt einen breiten und auffallend verdickten Mundsaum, gewöhnlich aber die bei der typischen Form beschriebenen Verhältnisse auf. Unter den zahlreichen Exemplaren des *P. obscurus* Drap., welche ich zumeist unter der Bezeichnung *P. crassilabrum* Dup. erhielt, konnte ich ausserdem nur geringe Abweichungen bezüglich der Höhe und Form des Gewindes, der mehr minder kräftigen und dichten Rippenstreifung, intensiven Färbung und der Entwicklung eines Basalkieles beobachten; alle diese Merkmale treten jedoch selbst an Exemplaren desselben Fundortes derartig durch Übergänge vermittelt auf, dass sie nur ausnahmsweise zur Fixirung einer Localvarietät Veranlassung geben. Ein Exemplar des *P. Hueti* Kobelt, welches mir der Autor zur Untersuchung überliess, entspricht bis auf die etwas bedeutenderen Dimensionen vollkommen dem typischen *P. obscurus* Drap. Es erscheint mir nicht wahrscheinlich, dass diese Form bei Constantinopel einheimisch ist, wo dieselbe angeblich von Huet de Pavillon entdeckt wurde. Entweder wurde *P. obscurus* Drap. zufällig mit Gewächsen aus Westfrankreich in einen Garten Constantinopels eingeführt, oder die Fundortsangabe beruht auf einem Irrthum.

Mit der typischen Form des *P. obscurus* Drap. vollkommen übereinstimmende Exemplare kenne ich von Pau, Bagnères de Bigorre, St. Sauveur (Hts-Pyrénées), ferner den Departements Gers, Hte Garonne und Ariège. In der Umgebung von Cauterets (Hts-Pyrénées) sammelte Seine königliche Hoheit Prinz Pedro von Orléans und Braganza zahlreiche Exemplare dieser Art, welche zum Theile vollkommen der typischen Form entsprechen, zum Theile ein mehr verlängertes Gewinde, lebhaftere Färbung und etwas kräftigere Rippenstreifung der mittleren Umgänge aufweisen. Solche Exemplare stellen Übergangsformen zur folgenden Varietät dar.

— var. partioti de Saint-Simon.

Taf. III, Fig. 28.

Cyclostoma Partioti St. Simon, Miscell. Malac., p. 30, Nr. 9, 1848.
Pomatias Partioti Dupuy, Catal. extr Gall. Test. Nr. 258, 1849 et Hist. natur. des Mollusques, p. 514, t. XXVI, f. 13, 1851.
» *Lapurdensis* P. Fagot, Malac. Hautes-Pyrén., p. 21, 1880.

Gehäuse: kleiner, schlanker, häufig decollirt, das Gewinde mehr verlängert, einfärbig, gelbgrau bis licht hornfarben oder nur schwach und undeutlich gebändert. Die Rippenstreifung verhältnissmässig kräftiger, als bei der typischen Form, der Mundsaum einfach bis schwach verdoppelt. Durch eine mehr minder dicke weisse Lippe verstärkt.

$$L = 12·3, \quad B = 4·0, \quad M = 3·7 \, mm.$$
Fundort: Lourdes.
$$L = 8·9, \quad B = 4·7, \quad M = 3 \, mm.$$

Fundort: Grotte d'Espelugues près Lourdes.

Unter dieser Bezeichnung vereinige ich die Vorkommnisse der Art aus der Umgebung von Lourdes (Dep. Hautes-Pyrénées), welche sich in extrem entwickelten Exemplaren durch die angeführten Merkmale wohl gut vom Typus unterscheiden, jedoch durch Übergangsformen mit demselben verbunden sind.

— var. **jetschini** n.

Taf. III, Fig. 29.

Gehäuse: kleiner, bauchiger, kegelförmig bis verlängert kegelförmig; licht hornfarben mit schwachen oft kaum bemerkbaren Binden am letzten Umgange; die Umgänge etwas rascher zunehmend, dicht gestreift und nur oben deutlicher rippenstreifig; der Mundsaum, zumeist einfach, schmal, wenig verdickt, ist mitunter schon an Gehäusen mit 6, meist aber erst bei 7 bis 8 Umgängen vollkommen entwickelt vorhanden.

$L = 8·3, \quad B = 4·3, \quad M = 3·1\ mm.$

Dr. Kobelt übergab mir Exemplare dieser besonders durch schwache Sculptur und die häufig geringere Zahl der Umgänge bemerkenswerten Form mit der Fundortsangabe »Gerde« (Hautes-Pyrénées).

Das Verbreitungsgebiet des *P. obscurus* Drp. erstreckt sich über den nordöstlichen Abhang der Pyrenen; seine Grenze nach Osten ist mir nicht bekannt, doch dürfte das Alpengebiet nicht erreicht werden. Aus Spanien erhielt ich unter der Bezeichnung *P. obscurus* Drp. oder *P. crassilabris* Dupuy stets nur *P. martorelli* Servain.

Pomatias (Rhabdotakra) apricus Mousson.

Taf. III, Fig. 30 a, b.

Cyclostoma apricum Mousson, Denkschr. Schweiz. Gesellsch., S. 47, 1847.
Pomatias carthusianum Dupuy, Hist. natur. des Moll. d. France, p. 516, t. XXVI, f. 14, 1851.
» *Sabaudianus* Bourguignat, Malac. Aix-les-Bains, p. 64, f. 11, 1864.
» *fimbriatus* Pfeiffer, Monogr. in Chemn. Conch. Cab., t. 26, f. 31—33.

Gehäuse: verlängert kegelförmig, im frischen Zustande glänzend und durchscheinend, gelblich hornfarben mit 3 braunen Fleckenbinden, hievon die oberste meist zusammenhängend und nur am letzten Umgange sichtbar, die zweite häufig in Flecken aufgelöst, auch auf den 3 bis 4 unteren Umgängen sichtbar, die dritte stets in Flecken aufgelöst und mit Büscheln weisser Stricheln alternirend, ebenfalls auf den 3 bis 4 unteren Umgängen sichtbar; zwischen den Basalbändern des letzten Umganges ausserdem eine lichte Zone. Die 8 bis 9 gewölbten Umgänge werden durch eine tiefe Naht geschieden, der letzte steigt vor der Mündung wenig, aber deutlich hinauf und ist unten gerundet. Die Sculptur besteht aus dichten und gleichmässigen Rippenstreifen, welche am letzten Umgange kaum dichter und schwächer werden. Die kurz birnförmige Mündung ist nahezu senkrecht; der Mundsaum einfach bis kaum verdoppelt, innen mit einer dicken weissen Lippe belegt, ziemlich scharf, wenig ausgebreitet, vor der Spindelinsertion am breitesten, sodann rasch verschmälert. Die Ränder des Mundsaumes genähert, durch eine dünne Schwiele verbunden.

$L = 10·5, \quad B = 4·7, \quad M = 3·5\ mm.$

Fundort: Dent du Chat bei Aix les bains, aus der Sammlung Dr. Kobelt's.

Vollkommen übereinstimmende Exemplare erhielt ich ausserdem von P. Gredler mit der Fundortsangabe Grand Chartreuse (Isère), von J. A. Stussiner aus »Chambery.« Das Verbreitungsgebiet dieser Art ist derzeit mit Sicherheit noch nicht festzustellen, vermuthlich erstreckt sich dasselbe über das Alpengebiet Südostfrankreich's und der Schweiz.

P. apricus Mousson unterscheidet sich von *P. obscurus* Drp. wesentlich nur durch die verhältnissmässig gröbere und weitläufigere Rippenstreifung, wie die auffallend geringeren Dimensionen. Das gegenseitige Verhältnis beider Formen könnten vor Allem Beobachtungen über ein Nebeneinandervorkommen derselben sicherstellen.

Unter der Bezeichnung *P. fimbriatus* (Held) Pfeiffer, mit der Fundortsangabe Triest, erhielt ich durch Professor E. v. Martens eine Form, welche von *P. apricus* Mousson nicht zu unterscheiden ist.

In Triest scheint diese Form derzeit nicht mehr vorzukommen, denn weder Professor A. Stossich, noch andere Sammler haben sie dort aufgefunden.

In der Sammlung Dr. W. Kobelt's fanden sich ferner 3 Exemplare des *P. scalarinus* Villa mit der Bezeichnung »*C. fimbriatum* Held, Triest, Coll. Held (Clessin)«. Dies würde beweisen, dass *P. fimbriatus* Held, non Pfeiffer, identisch mit *P. scalarinus* Villa wäre.

P. fimbriatus Pfeiffer soll weiter auch in Salzburg vorkommen, aus diesem Gebiete kenne ich nur *P. septemspiralis* Razoum, und *P. henricae* Strobel var. *hüttneri* A. J. Wagner.

Pomatias (Rhabdotakra) nouleti Dupuy.

Taf. III, Fig. 31 *a, b*.

Pomatias Nouleti Dupuy, Hist. natur. des Mollusques France, p. 513, t. XXVI, f. 12.

Gehäuse: verlängert kegelförmig, ziemlich dünn, durchscheinend, matt, die Grundfarbe graubraun bis hell hornbraun (mit Thier schwarzgrau), mit 2 schwachen rothbraunen Bändern an der Basis des letzten Umganges und verwaschenen Flecken an der Nath der unteren Umgänge.

Die 7 bis 9 ziemlich gewölbten Umgänge werden durch eine deutlich eingesenkte Naht geschieden, der letzte steigt vor der Mündung kaum oder gar nicht hinauf und ist unten meist gekantet. Die Sculptur besteht aus zweierlei Rippen, stärkeren und schwächeren, welche in der Weise vertheilt sind, dass auf den 3 ersten Umgängen nur dichtgestellte schwächere, auf den mittleren Umgängen ziemlich weitläufige, abwechselnd starke und schwache, auf dem letzten Umgange vorherrschend starke und weitläufige Rippen vorhanden sind. Die Rippen und Rippchen sind ferner ziemlich dünn, scharf, wenig lichter gefärbt als das Gehäuse und nur an der Naht deutlich weiss gestrichelt, wenig schief und gebogen.

Die Mündung ist rundeiförmig, oben leicht gewinkelt, unten wenig zurückweichend; der Mundsaum niedrig, ziemlich dick, weiss, durch eine Schwiele verbunden, der Aussensaum schmal umgeschlagen, scharf, genähert.

L. = 9·8, B = 4·4, M = 3·1 mm.

Fundort: Foix im Dep. Ariége.

Als Originalfundort führt Dupuy »Axat (Ariége)« an, mir ist ein Ort dieses Namens nur aus dem benachbarten Dep. Aude bekannt.

Die von mir beobachteten Exemplare dieser Art, welche ich der Freundlichkeit Dr. Kobelt's verdanke, stammen aus den Departements Ariége und Hautes Garonne. *P. nouleti* Dup. erscheint besonders durch seine Sculptur gekennzeichnet und errinnert durch dieselbe an *P. striolatus* Porro.

-- var. **arriensis** de Saint-Simon.

Taf. III, Fig. 32 *a, b*.

Pomatias arriensis de Saint-Simon, Mém. Pom. Midi de la France, 1867, p. 10.

Gehäuse: schlanker, thurmförmig, die Rippen etwas dichter (sonst wie bei der typischen Form); die schief radial gestellten Flecken und Flammenzeichnungen sind intensiver gefärbt und treten schon auf den oberen Umgängen auf. Der Mundsaum ist meist kräftig verdoppelt, der Innensaum stumpf, meist zusammenhängend und vorragend.

L. = 10·3, B = 4·6, M = 3·3 mm.

Die untersuchten Exemplare (aus der Sammlung Dr. Kobelt's) stammen ohne nähere Fundortsangabe aus dem Dep. Ariége.

Der Verbreitungsbezirk dieser Formenreihe lässt sich nach den spärlichen Fundortsangaben derzeit noch nicht begrenzen.

Pomatias (Rhabdotakra) berilloni P. Fagot.

Taf. III, Fig. 33 *a, b*.

Pomatias Berilloni P. Fagot, Hist. malac. Basses-Pyrén., p. 17, 1880.

Gehäuse: verlängert kegelförmig, graubraun bis röthlich hornbraun, im frischen Zustande durchscheinend, kaum glänzend bis matt und wie bestaubt oder oberflächlich verwittert; einfärbig oder mit 2 schwachen, oft kaum sichtbaren braunen Binden an der Basis des letzten Umganges, um die Mündung wenig lichter.

Die 8 Umgänge wenig gewölbt, durch eine seichte Naht geschieden; der letzte vor der Mündung langsam und wenig hinaufsteigend, unten gerundet oder sehr undeutlich gekantet.

Die Sculptur besteht aus gleichartigen, oben ziemlich weitläufigen, am letzten Umgange etwas dichteren Rippen; dieselben sind ferner ziemlich scharf, wenig schief, wenig gebogen, zerstreut weiss gestrichelt.

Die Mündung ist birnförmig, unten etwas zurückweichend, der Mundsaum einfach, innen lippenartig verdickt oder verdoppelt; der Innensaum sodann verbunden bis fast zusammenhängend, der Aussensaum etwas concav oder flach umgeschlagen, ziemlich schmal, scharf, an der Spindel leicht ohrförmig ausgezogen, sodann rasch verschmälert; das Ohr vom vorletzten Umgange ziemlich entfernt, die Ränder etwas genähert.

$$L = 10, \quad B = 4\cdot 4, \quad M = 3\cdot 6\,mm.$$

Meine Exemplare (mitgetheilt von J. A. Stussiner) stammen von Assat im Dep. Basses-Pyrénées.

P. belleroni Fagot wird von dem sehr ähnlichen *P. moulcti* Dupuy sicher durch die hier gleichartigen Rippen, ferner die geringere Wölbung der Umgänge, birnförmige, oben deutlich gewinkelte Mündung, meist einfache und matte Färbung unterschieden.

— var. **kobelti** n.

Taf. III, Fig. 34.

Pomatias Moulcti Kobelt, Iconographie, N. F. Bd. V. Nr. 898 (part)

Das Gehäuse kegelförmig mit verhältnissmässig breiterer Basis und dünnem Apex, dunkler rothbraun gefärbt mit deutlicheren Bändern und Flecken, um die Mündung weiss. Die 8 bis 9 Umgänge nehmen rascher zu, sind mehr gewölbt, der letzte ist an der Basis deutlich gekantet. Die Sculptur besteht aus auffallend dichteren, gleichartigen Rippen, welche meist fleckenweise und alternirend mit den braunen Flecken und Binden weiss gestrichelt sind. Der Mundsaum kräftiger entwickelt und mehr ausgebreitet.

$$L = 9\cdot 2, \quad B = 4\cdot 3, \quad M = 3\cdot 3\,mm.$$

Fundort: Bilbao.

Diese Form lebt bei Bilbao und Orduna in Nordspanien, wo sie Dr. Kobelt neben *P. Hidalgoi* Crosse sammelte; von *P. moulcti* Dup. ist dieselbe durch die bei der typischen Form von Assat angeführten Merkmale unterschieden. Durch die Form, Färbung und meist reichliche Strichelung erinnert *P.* — var. *Kobelti* n. an *P. martorelli* Serv.

Pomatias (Rhabdotakra) martorelli Servain.

Taf. IV, Fig. 35 *a*, *b*.

Pomatias martorelli Servain, Moll. Esp. et Port., p. 144, 1880.
(Auritus) labrosus Westerlund, Fauna V, p. 117.

Gehäuse: kegelförmig bis kegelig thurmförmig, matt, kaum durchscheinend mit sehr kleinem dünnen, häufig abgestossenen Apex, die Grundfarbe rothbraun, um die Mündung lichter bis weisslich; die Rippen weiss, jedoch fleckenweise mit dem Gehäuse gleichfärbig, wodurch der Eindruck einer dunklen Fleckenbinde an der Naht hervorgerufen wird.

Die 8 bis 9 Umgänge sind etwas gewölbt und werden durch eine deutlich eingedrückte Naht geschieden; der letzte ist unten gerundet oder leicht gekantet und steigt an der Mündung rasch und ziemlich hoch hinauf. Die Nath erscheint ausserdem in Folge der hier zu weissen Knötchen anschwellenden Rippen leicht gekerbt und stellenweise weiss gezeichnet.

Die Sculptur besteht aus dichten, feinen, ziemlich scharfen, schiefen, leicht S-förmig gebogenen Rippen, welche von der Spitze bis zur Mündung gleichartig und gleichmässig sind.

Die Mündung ist nahezu senkrecht, unten kaum zurückweichend, kurz birnförmig, oben deutlich gewinkelt, der Gaumen rothbraun gefärbt.

Der Mundsaum milchweiss, kaum bis deutlich verdoppelt; der Innensaum wenig vorragend durch eine Schwiele verbunden, der Aussensaum ziemlich breit umgeschlagen, flach, scharf, gegen die Spindelinsertion zu rasch verschmälert; die Ränder genähert.

$$L = 12\cdot 1, \quad B = 5\cdot 5, \quad M = 4\cdot 5 \, mm.$$

Fundort: Monserat bei Barcelona.

Der Originalfundort der typischen Form ist der Berg Monserat bei Barcelona; vollkommen übereinstimmende Exemplare besitze ich ausserdem von Bruch bei Barcelona. Von *P. hispanicus* Saint-Simon unterscheidet sich vorstehende Form durch ihre bedeutenderen Dimensionen, viel dichtere und schärfere Rippen, Färbung und die Verhältnisse der Mündung.

— var. **rudicosta** Bofill.

Taf. IV, Fig. 36.

Pomatias rudicosta Bofill, Contributions à la Faune Malacologique de la Catalogue in Bull. Soc. malac. France, VII, 1890, p. 278.

Das Gehäuse gröber und weitläufiger gerippt, die Rippen dunkler, von der gelbbraunen bis rothbraunen Grundfarbe weniger abstechend. Der letzte Umgang mit 2 verwaschenen dunklen Binden und dazwischen einer lichten Zone, welche die hier deutlichere Basalkante markirt.

$$L = 14, \quad B = 6\cdot 3, \quad M = 4\cdot 9 \, mm.$$

Fundorte: Eau Quinquilla del Montsech und Portell del Montsech im Thale der Noguera Ribagorzana nördlich von Lerida in den spanischen Pyrenen (mitgetheilt von J. Stussiner).

— var. **noguerae** Fagot.

Taf. IV, Fig. 37.

Gehäuse: kürzer, kegelförmig, dunkelrothbraun, büschelweise weiss gestrichelt, seidenglänzend, mehr durchscheinend. Die 8 Umgänge durch eine weiss berandete Naht geschieden, oben dicht gestreift, vor der Mündung schwach rippenstreifig.

$$L = 13\cdot 5, \quad B = 5\cdot 6, \quad M = 4\cdot 4 \, mm.$$

Fundort: Defilé de Collagato im Thale der Noguera Palaresa nördlich von Lerida (mitgetheilt von J. Stussiner).

Die Ausdehnung des Verbreitungsgebietes dieser Art lässt sich den wenigen sicheren Fundortsangaben nach derzeit nicht bestimmen. In den Sammlungen erscheint *P. Martorelli* Servain unter den Bezeichnungen *P. hispanicus* St. Simon, *P. montserraticus* Fagot und *P. crassilabrum* Dupuy.

Pomatius (Rhabdotakra) hidalgoi Crosse.

Taf. IV, Fig. 38 a, b.

Pomatias Hidalgoi Crosse, Journal de Conchyliologie XII, 1864, p. 2, t. 2, f. 3.
  " " Kobelt, Iconogr., N. F. Bd. V, Nr. 900.

Gehäuse: langkegelförmig, matt, kaum durchscheinend, dunkelrothbraun, mit einem weissen Anflug, welcher besonders dem frischen Gehäuse einen violetten Schimmer verleiht. Die 8 bis 9 wenig gewölbten Umgänge werden durch eine seichte, aber deutliche und leicht weiss berandete Naht geschieden, der letzte steigt vor der Mündung nur wenig, aber rasch hinauf und ist unten undeutlich gekantet. Die obersten Umgänge werden häufig abgestossen. Die Sculptur besteht aus ziemlich entfernt stehenden, niedrigen, in der Stärke und Distanz etwas ungleichmässigen, theilweise weiss gefärbten Rippen: dieselben sind ferner wenig schief und nur auf dem letzten Umgange deutlicher S-förmig gebogen, an der Nath der zwei letzten Umgänge zu weissen Papillen angeschwollen. Die Mündung unten wenig, aber deutlich zurückweichend rundeiförmig, im Gaumen rothbraun. Der Mundsaum dick und weiss, kaum bis deutlich verdoppelt. Der Innensaum etwas vorragend, fast zusammenhängend oder durch eine Schwiele verbunden, der Aussensaum breit, flach oder etwas nach rückwärts umgeschlagen; der Spindelrand gegen die Insertion zu wenig schmäler, dem vorletzten Umgange sehr genähert oder fast angelegt, in der Mitte etwas eckig vorgezogen; der Aussenrand dem vorletzten Umgange gleich breit angelegt.

Die Insertionen genähert oder durch eine dünne Schwiele verbunden.

$L = 10.4$, $B = 5.3$, $M = 4.4\,mm$.

Fundort: Orduna, Nordspanien.

Ich beurtheile die Art nach Exemplaren, welche Kobelt am Penon de Orduna in Nordspanien sammelte, dementsprechend unterscheidet sich dieselbe von dem nächststehenden *P. martorelli* Servain durch geringere Wölbung der Umgänge, seichtere Naht, die viel weitläufigeren und stumpferen Rippen, den kräftigeren anders gestalteten Mundsaum, die engere Durchbohrung und eigenthümliche Färbung.

— var. hispanica Saint-Simon.

Taf. IV, Fig. 39.

Pomatias hispanicus (Bourguignat) Saint-Simon, Revue Magaz. Zool. XXI, 1869, p. 6, Nr. 34.

Das Gehäuse schlanker, lichter gefärbt, röthlich hornfarben bis rothbraun, im frischen Zustande mit schwachem bläulichen Anfluge, dünnschaliger und mehr durchscheinend. Die Sculptur besteht aus schwächeren und dichter stehenden Rippchen. Der Spindelrand des Mundsaumes ist schmäler und dem vorletzten Umgange weniger genähert.

$L = 10$, $B = 5$, $M = 4\,mm$.

Fundort: Oviedo, Asturien.

Die von mir untersuchten Gehäuse dieser Form erhielt ich von Dr. Boettger mit der Fundortsangabe Oviedo in Asturien (Ponsonby 83), also dem Original-Fundorte.

Die Übereinstimmung dieser Form mit *P. hidalgoi* Crosse ist eine so auffallende, dass ich dieselbe eben nur mit Rücksicht auf die angeführten geringen Unterschiede als Varietät beibehalte.

Der Verbreitungsbezirk dieser Art ist den wenigen bekannt gewordenen Fundorten nach derzeit noch nicht abzugrenzen, jedenfalls leben auf der pyrenäischen Halbinsel noch andere Formen dieser Section.

c) Formenkreis *Striolata* n.

Pomatias (Rhabdotakra) striolatus Porro.

Taf. II, Fig. 40 *a*, *b*.

Cyclostoma striolatum Porro in Revue et Magaz. Zool. 1840, p. 106.

Gehäuse: eng genabelt, kegelförmig bis verlängert kegelförmig, mit verhältnissmässig breiter Basis und abgestumpftem Apex, dünnschalig, gut durchscheinend, wenig glänzend bis matt. Die Grundfarbe licht hornbraun, mit drei, zuweilen erloschenen rothbraunen Fleckenbinden, von welchen die oberste in schief radiale, der Streifung entgegengesetzt gerichtete Striemen aufgelöst ist.

Die 7—8 ziemlich gewölbten Umgänge nehmen verhältnissmässig rasch zu und werden durch eine seichte Naht geschieden; der letzte ist unten gerundet, häufig jedoch etwas abgeflacht und leicht gekantet, vorn nicht emporsteigend. Die Sculptur besteht aus zweierlei Rippen, stärkeren und schwächeren, welche mit einander mannigfach, meist jedoch in der Weise alterniren, dass auf 1, 2, 3, 4 Rippchen eine stärkere Rippe folgt; auf dem ersten und dem letzten Umgange sind die Rippen gleichartiger. Die Rippen und Rippchen sind ferner schief, deutlich S-förmig gebogen, auf allen Umgängen gleichmässig dicht und theilweise weiss gestrichelt; diese Stricheln erscheinen häufig zu weisslichen Büscheln und Flecken gruppirt, welche mit den braunen Flecken alterniren. Die Mündung ist rund-eiförmig, oben leicht gewinkelt, unten zurückweichend; der Mundsaum einfach bis deutlich verdoppelt. Der Innensaum meist sehr schwach entwickelt und durch eine dünne Schwiele verbunden, der Aussensaum sehr schmal umgeschlagen, scharf, kaum erweitert, die Insertionen etwas genähert.

$L = 9.7$, $B = 4.9$, $M = 3.1\,mm$.

Fundort: Genua.

P. striolatus Porro ist eine mit Rücksicht auf die Sculptur, die Anzahl und das Zunehmen der Umgänge sehr veränderliche Art. Selbst bei Exemplaren des gleichen, engbegrenzten Fundortes überwiegen bald die stärkeren, bald die schwächeren Rippen und sind ausserdem in verschiedenem Verhältnisse auf den einzelnen Umgängen vertheilt. Ausserdem wird hier die auch bei anderen Molluskenschalen vorkommende Erscheinung häufig beobachtet, dass schon Gehäuse mit einer geringeren Anzahl von Umgängen, als die Art gewöhnlich bildet, einen normal entwickelten Mundsaum aufweisen. An solchen Exemplaren nimmt der letzte, weniger die übrigen Umgänge rascher zu, so dass der letzte Umgang und die Mündung schliesslich dieselben Dimensionen erreichen, wie bei normalen Exemplaren.

Dementsprechend tritt diese Art in zahlreichen mehr minder abweichenden Formen auf, welche zum Theile als verschiedene Arten und Varietäten aufgefasst und publicirt werden.

Die Untersuchung eines an Individuen und Fundorten ziemlich reichen Materiales zeigte mir jedoch, dass diese einzeln betrachtet so verschiedenartigen Formen vielfach an den gleichen Fundorten leben und durch Übergangsformen verbunden sind. Ich versuche es, im Nachfolgenden die extremsten der mir bekannt gewordenen Formen dieser Art durch Beschreibung und Abbildung zu fixiren, ohne denselben die Werthigkeit einer Varietät in der hier sonst angewendeten Auffassung zuzuerkennen.

— var. lunensis de Stefani.

Taf. IV, Fig. 41.

Pomatias lunense de Stefani, Bull. Soc. malac. ital. V, 1879, f. 9-4.

Das Gehäuse weiter durchbohrt, kegelförmig mit breiterer Basis und kurzem dickeren Gewinde. Die Umgänge rascher zunehmend, der letzte unten gerundet oder nur sehr undeutlich gekantet.

Die Sculptur, wie bei der typischen Form gemischt, besteht hier aus mehr gleichartigen, dichten und feinen Rippen und Rippchen.

Die Mündung ist grösser, oben deutlich gewinkelt, der Mundsaum einfach, kaum erweitert, durch eine Schwiele verbunden.

$L = 9·5$, $B = 5·3$, $M = 3·4$ *mm*.

Fundort: Spezzia.

Ich beurtheile diese Form nach Exemplaren, welche mir Dr. Kobelt mit der Fundortsangabe La Spezia (Originalfundort) überliess; entsprechende Exemplare nebst Übergängen zur typischen Form und diese selbst leben in der Umgebung von Nervi.

— var. isseliana Bourguignat.

Taf. IV, Fig. 42.

Pomatias issclianus Bourguignat, Descr. moll. Alpes. — Marit., p. 10, 1869.

Das Gehäuse kleiner, kegelförmig, mit breiter Basis und nach oben rasch verschmälertem Gewinde, die 7–8 Umgänge mehr gewölbt und rascher zunehmend, der letzte unten gerundet; die Sculptur auf den unteren Umgängen vorherrschend aus stärkeren Rippen bestehend, die Mündung mehr gerundet und grösser, der Mundsaum häufig verdoppelt.

$L = 8·4$, $B = 4·6$, $M = 3·2$ *mm*.

Nach den mir vorliegenden Exemplaren von der Via Caffaro stellt auch diese Form nur eine Varietät des *P. striolatus* Porro vor. Möglicherweise finden sich bei Nizza und Mentone noch extremere Exemplare.

— var. de philippi Pini.

Taf. IV, Fig. 43.

Novità malacol. 1884 in Atti d. Soc. ital. d. sc. nat. Vol. XXXV, p. 7.

Das Gehäuse meist einfärbig, kurz kegelförmig, mit breiter Basis und verhältnissmässig weiter Durchbohrung. Die 6–7 Umgänge sind stärker gewölbt und nehmen rascher zu, so dass der letzte auffallend überwiegt und nahezu die Hälfte des ganzen Gehäuses bildet. Die Sculptur, wie bei der typischen Form gemischt; der Basalkiel undeutlich oder fehlend. Der Mundsaum einfach, ziemlich erweitert, die Ränder genähert, durch eine dünne Schwiele verbunden.

Fundorte: St. Margherita.

L = 7·3, B = 4·1, M = 2·7 mm.

Die Originalexemplare dieser Varietät von St. Margherita und Nervi, welche ich vom Autor erhielt, weichen unter den mir bekannt gewordenen Formen des *P. striolatus* Porro am meisten vom Typus ab; meinem Materiale nach finden sich sowohl an den genannten Fundorten, als ferner bei Rapallo und Recco zahlreiche Übergangsformen, welche von der var. *de Filippi* Pini zur var. *isseliana* Bourg. und schliesslich zum Typus führen.

Das Verbreitungsgebiet dieser veränderlichen Art erstreckt sich über die ganze »Riviera di Ponente« und »di Levante«. Aus den entsprechenden Hinterländern besitze ich Exemplare des *P. striolatus* Porro nur mit der allgemeinen und nicht sicheren Fundortsangabe »Lombardia«.

Sectio **STEREOPOMA** n.

Deckel: dünn und durchscheinend, gelbbraun, hornartig, wenig biegsam und leicht zerbrechlich. Die Vorderseite matt, durch eingelagerte Kalkkörner etwas granulirt, die vier Umgänge deutlich sichtbar, durch eine etwas erhobene Spiralleiste geschieden, der Nucleus central.

Gehäuse: mittelgross bis gross (im Verhältniss zu den Formen des Genus), eng bis nahezu bedeckt, durchbohrt, milchig getrübt bis kalkartig weiss, mit schlankem thurmförmigen Gewinde; die Embryonalumgänge glatt und häufig abgestossen, die folgenden wenig gewölbt, gleichmässig und wenig schief gerippt.

Der Mundsaum verdoppelt, der Aussensaum schmal und an der Spindel nach rückwärts umgeschlagen, wodurch der Nabel verengt oder zum Theile bedeckt wird; der Theil des Mundsaumes unter dem Spindelumschlag ist etwas verbreitert und bildet einen hier meist abgerundeten Lappen, das Spindelohr.

Von den Merkmalen, welche die Arten dieser Section kennzeichnen, ist zunächst die hier schon deutliche Verkalkung des Deckels hervorzuheben, welche denselben härter, schwächer durchscheinend, weniger biegsam, dafür zerbrechlicher erscheinen lässt; auch werden die durch eine erhobene, stärker verkalkte Spiralleiste getrennten Umgänge deutlich sichtbar. Die beiden Platten, aus welchen der Deckel besteht, liegen auch hier dicht aneinander.

Der Spindelrand des Mundsaumes ist mehr minder stark nach rückwärts umgeschlagen, der Spindel jedoch nicht angelegt, so dass der stets vorhandene enge Nabel (Durchbohrung) nur verengt oder theilweise bedeckt wird. Nur bei *P. sardous* (Maltzan) Westerl. ist der Nabel durch den Spindelumschlag bis auf eine kaum bemerkbare Ritze geschlossen, wie dies bei den Vertretern der Sectio *Titanopoma* n. Regel ist; die auffallende Übereinstimmung der übrigen wesentlichen Merkmale, ebenso die geographische Lage des Wohnortes veranlassen mich jedoch auch diese Art hier einzutheilen. Die milchige Trübung oder kalkweisse Färbung des Gehäuse nimmt mit dem Vordringen nach Süden zu und erscheint bei den tunesischen Formen am auffallendsten. Die Abstossung der Embryonalwindungen tritt hier bei allen Arten sehr häufig, jedoch nicht regelmässig auf, auch verhalten sich diesbezüglich die Exemplare derselben Art an verschiedenen Fundorten nicht ganz gleich. Das Spindelohr des Mundsaumes ist hier ähnlich, wie bei den Sectionen *Auritus* Westerl. und *Titanopoma* n. gebildet, meisst jedoch schmal und abgerundet.

Das Verbreitungsgebiet dieser Section erstreckt sich über einen Theil Unteritaliens, Sicilien, Sardinien und die gegenüberliegenden Küstenländer Nordafrikas (Tunis und Algier).

Übersicht der Formenkreise.

a) Turriculata n. Gehäuse offen durchbohrt, licht hornfarben und milchig getrübt; der Aussensaum sehr schmal und oft vom Innensaum überragt, das Spindelohr schmal und oft nur angedeutet.

Verbreitung: Unteritalien, Sicilien.

b) *Tunetana* n. Gehäuse theilweise bedeckt durchbohrt, kalkartig weiss, der Aussensaum ziemlich breit, mit gutentwickeltem Spindelohr.
Verbreitung: Tunis und Algier.

c) *Sardoa* n. Gehäuse geritzt bis bedeckt durchbohrt, der Mundsaum verdickt, schmal, mit schmalem, undeutlichen Spindelohr.
Verbreitung: Sardinien.

a) Formenkreis *Turriculata* n.

Pomatias (Stereopoma) turriculatus R. A. Philippi.

Taf. V, Fig. 44 *a, b, c, d*.

Cyclostoma turriculatum R. A. Philippi, Enum. moll. Sicil. 1836. Vol. I, p. 144.
» *striolatum* R. A. Philippi, Enum. moll. Sicil. 1844. Vol. II, p. 119, f. 7 (non Porro).
Pomatias Paladilhianus St.-Simon, Revue Magaz. Zool. XXI, p. 5, 1869.
» *Fischerianus* Paulucci, Bull. Soc. malac. ital. V, p. 19, 1879.
» *blaucianus* Westerlund, Jahrb. d. deutschen Malacozool. Gesellsch., S. 64, 1883.
» *(Personatus) Boettgeri* Westerlund, Fauna V, p. 118, 1885.

Gehäuse: eng durchbohrt, verlängert kegelförmig, dickschalig, matt, wenig durchscheinend und milchig getrübt; einfarbig licht horngelb, bis röthlich hornfarben oder mehr minder intensiv gefleckt. Die gelb- bis rothbraunen Flecken sind zu 3 schmalen Bändern angeordnet, von welchen das unterste nur am letzten Umgange, die oberen auch auf den mittleren Umgängen sichtbar werden. Die 8 bis 9 Umgänge sind wenig bis flach gewölbt, nehmen langsam und regelmässig zu und werden durch eine seichte aber deutlich eingedrückte Naht geschieden; der letzte ist unten gerundet oder etwas abgeflacht und leicht gekantet, vor der Mündung steigt derselbe langsam und wenig hinauf. Die Embryonalumgänge sind glatt und glänzend, die Sculptur der folgenden besteht aus ziemlich kräftigen bis kräftigen, weisslichen, wenig schiefen, auf den letzten Umgängen leicht gebogenen, an der Naht verdickten, gleichmässigen Rippen, welche auf den mittleren Umgängen ziemlich dicht, sonst etwas weitläufiger angeordnet sind.

Die birnförmige, oben leicht gewinkelte Mündung ist nahezu senkrecht oder weicht unten nur wenig zurück. Der Mundsaum ist einfach bis verdoppelt; der Innensaum stumpf, durch eine Schwiele verbunden, der Aussensaum sehr schmal, wenig erweitert, den Innensaum wenig überragend, getrennt, vor der Spindelinsertion etwas verbreitert, sodann nach rückwärts umgeschlagen, wodurch der Nabel verengt oder theilweise bedeckt wird.

$$L = 10·3, \quad B = 4·1, \quad M = 3·2 \; mm. \; (\text{decollirt}).$$

Fundort: Mte. Pellegrino bei Palermo.

Philippi beschrieb diese Art zuerst in seiner ersten Aufzählung sicilianischer Mollusken (vom Jahre 1836) unter der Bezeichnung *P. turriculatum*; in der zweiten Aufzählung sicilianischer Mollusken (vom Jahre 1844) zog er die neue Art wieder ein, indem er dieselbe irrthümlicher Weise mit *P. striolatus* Porro identificirte. Neuere Autoren führen aus Sicilien eine ganze Reihe selbstständiger Arten an: *P. turriculatus* Philippi ist aber der Vergessenheit anheimgefallen.

Nach Angabe des Autors findet sich *C. turriculatum* Philippi in der Umgebung von Palermo, Pantalica, dem Thale des Anapo in Sicilien und bei Neapel in Unteritalien.

Von Herrn Dr. Gredler erhielt ich zwei Originalexemplare R. A. Philippi's unter der Bezeichnung *P. striolatus* Philippi non Porro vom Monte S. Angelo bei Neapel, welche in ihren wesentlichen Merkmalen vollkommen mit dem heutigen *P. Paladilhianus* Brgt = *P. Fischerianus* Paul. aus der Umgebung von Palermo (Monte Pellegrino, M. Cuccio, Pizzuta etc.) übereinstimmen.

Ich beurtheile *P. turriculatus* Philippi nach Exemplaren aus der Umgebung von Palermo, welche sich entsprechend den erwähnten Originalexemplaren durch ziemlich kräftige und etwas weitläufige Rippen auszeichnen. Sowohl in der Umgebung von Palermo als auch an anderen mir bekannt gewordenen Fundorten des nordwestlichen Sicilien leben zahlreiche Formen dieser Art, welche sich vorzüglich nur durch die mehr minder kräftigen und dichten Rippen und die Intensität der Fleckenbänder unterscheiden; dieselben werden heute zum Theile als selbstständige Arten aufgefasst. Meinem reichen Materiale nach sind diese Formen jedoch nicht constant (an demselben Orte leben alle Grade von Übergangsformen), auch sind die Unterschiede selbst extremer Formen (Sculptur, Färbung) bei Übereinstimmung der wesentlichen Merkmale eben nur genügend, um in einzelnen Fällen Localvarietäten unterscheiden zu können.

Ich kenne die typische Form des *P. turriculatus* Philippi aus der Umgebung von Palermo, und zwar dem Mte. Pellegrino, Mte. Cuccio, Pizzuta, Torretta und Mte. Gallo, ferner vom Mte. S. Angelo bei Neapel.

Exemplare vom Mte. Cuccio bei Palermo beschreibt die Marchesa M. Paulucci als *P. Fischerianus* Paul.; ein Originalexemplar der Autorin, welches mir Dr. Kobelt zum Vergleiche übergab, halte ich für typischen *P. turriculatus* Philippi = *P. Paladilhianus* Saint-Simon.

Unter der Bezeichnung *P. Paladilhianus* var. *cricincola* De Gregorio (Not. Sicil. p. 203. 1895) erhielt ich von Monterosato ein Exemplar dieser Art mit der Fundortsangabe »Monte S. Giuliano (Erice) prope Trapani«, welches bei nahezu erloschenen Fleckenbändern etwas dichtere und feinere Rippen als die typische Form aufweist und meiner Auffassung nach nur eine der vielen Übergangsformen zu der als var. *circtica* Westerl. bezeichneten extremen Form des *P. turriculatus* Phil. darstellt.

— var. **caficii** Benoit.

Taf. V, Fig. 46.

Pomatias caficii Benoit, Nuovo Catal., p. 154, 1882.

Das Gehäuse meist grösser, einfärbig, oder nur mit wenigen fast erloschenen Flecken auf den oberen Umgängen; die Rippen feiner.

L = 9·3, B = 4·3, M = 3·3 mm.

Meine Exemplare stammen vom Originalfundorte Monte Gallo bei Palermo, wo auch die typische Form lebt.

— var. **eirctica** Westerlund.

Taf. V, Fig. 48.

Pomatias eircticus Westerlund, Nachrichtsblatt d. deutsch. malacozool. Gesellsch., S 198, 1892.

Das Gehäuse: sehr fein und dicht gerippt bis rippenstreifig, die Rippchen deutlicher gebogen und auf den oberen Umgängen etwas ungleichmässig, indem dort zwischen den schwächeren vereinzelt stärkere auftreten; einfärbig oder sehr schwach und verwaschen gefleckt.

L = 10·7, B = 4·1, M = 3·2 mm.

Die mir vom Autor mitgetheilten Originalexemplare stammen vom Monte Pellegrino bei Palermo.

— var. **pirajnoi** Benoit.

Taf. V, Fig. 47.

Pomatias Pirajnei Benoit, Illustr. Moll. Sicil., t. 6, f. 26 — et Nuovo Catal, p. 153, 1882.

Das Gehäuse: einfärbig gelblich bis röthlich hornfarben; fein, aber weitläufig gerippt.

L = 10, B = 4·1, M = 3·2 mm.

Meine von Monterosato mitgetheilten Exemplare stammen von der Insel Favignana nächst der Westküste Siciliens.

Der Verbreitungsbezirk der Formenreihe des *P. turriculatus* Phil. erstreckt sich den bekannten Fundorten zufolge über die Westküste von Unteritalien, die Nordwestküste von Sicilien mit den benachbarten Inselgruppen und scheint an keinem Punkte tiefer in das Binnenland einzudringen. Von den weiteren Fundorten, welche Philippi für *P. turriculatus* Phil. verzeichnete, bezieht sich Anapi (ich halte Anapi für das Thal des Anapus bei Syracus) wohl auf den aus jener Gegend bekannt gewordenen *P. Dionysi* Paul., Tiriolo in Calabrien auf *P. Adamii* Paul.

Pomatias (Stereopoma) alleryanus Paulucci.

Taf. V, Fig. 49.

Pomatias alleryanus Paulucci, Bull. Soc. malacolog. ital. V, p. 16, 1879.
» *Monterosati* Bourguignat in sched.

Gehäuse: offen bis theilweise bedeckt, durchbohrt, kegelförmig, wenig glänzend bis matt, licht graubraun oder hornfarben, mit zwei schmalen, oft undeutlichen gelbbraunen Fleckenreihen. Die 7—8 Umgänge sind gut gewölbt, nehmen regelmässig zu und werden durch eine ziemlich tiefe Naht geschieden; der letzte ist unten gerundet und steigt vor der Mündung langsam und wenig hinauf. Die Sculptur besteht bis zur Mündung aus gleichmässigen und dichten Rippenstreifen; die Rippchen sind lichter als das Gehäuse, wenig schief und nur auf den letzten Umgängen etwas gebogen.

Die Mündung ist nahezu senkrecht, die Mitte des Aussenrandes mitunter etwas vorgezogen, rundeiförmig, oben leicht gewinkelt. Der Mundsaum einfach und verdickt oder undeutlich verdoppelt; der Innensaum durch eine ziemlich dicke Schwiele verbunden, der Aussensaum sehr schmal, kaum ausgebreitet und den Innensaum kaum überragend, an der Spindel nicht verbreitert, aber etwas nach rückwärts umgeschlagen.

$$L = 7 \cdot 8, \quad B = 3 \cdot 4, \quad M = 2 \cdot 0 \, mm.$$

P. alleryanus Paulucci ist bisher nur von Calatafimi in Westsicilien bekannt geworden.

Durch Form, Färbung, Beschaffenheit des Deckels und des Mundsaumes schliesst sich die Art eng der Formenreihe des *P. turriculatus* Philippi an, dessen var. *circeta* Westerl. sie auch mit Rücksicht auf die Sculptur nahe kommt; die constant geringeren Dimensionen und die auffallend stärkere Wölbung der Umgänge unterscheiden sie jedoch auch von dieser Form.

P. affinis Benoit ist stets ungenabelt und weitläufig gerippt, der Mundsaum geöhrt.

b) Formenkreis *Tunetana* n.

Pomatias (Stereopoma) letourneuxi Bourguignat.

Taf. V, Fig. 50 a, b, c.

Pomatias Letourneuxi Bourguignat, Mollusq. nouv. lit. I, p. 216, t. 33, f. 20—23, 1866.
» » Kobelt, Iconogr. N. F. V, Nr. 902.

Gehäuse: theilweise bedeckt durchbohrt, kegelig thurmförmig, wenig glänzend bis matt, durchscheinend, grauweiss bis gelbgrau mit drei braunen, häufig theilweise erloschenen Fleckenbändern, von welchen das oberste an der Nath aus grösseren und schärfer ausgeprägten Flecken besteht.

Die 8—9 Umgänge nehmen langsam und regelmässig zu, sind wenig bis flach gewölbt und werden durch eine seichte, fadenförmig vertiefte Naht geschieden; der letzte ist unten etwas abgeflacht, gerundet oder undeutlich gekantet und steigt vor der Mündung (bei vollkommen entwickelten Exemplaren) rasch und ziemlich hoch hinauf. Die obersten $1^1/_2 - 2$ Umgänge werden ausserdem häufig abgestossen. Die Sculptur besteht aus ziemlich groben und besonders an der Naht vorspringenden, schiefen, leicht gebogenen Rippen, welche auf den oberen Umgängen dicht und gleichmässig angeordnet sind, vor der Mündung jedoch zunächst weitläufiger, schliesslich schwächer und dichter werden.

Die verhältnissmässig grosse Mündung ist nahezu senkrecht, etwas unregelmässig stumpfeiförmig, innen gelblich gefärbt. Der Mundsaum meist schwach verdoppelt; der Innensaum kaum vom Aussensaum erhoben, schwielig, weiss, verbunden, der Aussensaum getrennt, trichterförmig erweitert, breit, dünn und scharf, vor der Spindelinsertion plötzlich und rasch verschmälert, sodann nach rückwärts umgeschlagen. Hiedurch wird ein nahezu rechtwinkeliger, vom vorletzten Umgange ziemlich entfernter Spindellappen gebildet und die Durchbohrung zum Theile verdeckt. An der Ausseninsertion bildet der verbreiterte Aussensaum einen abgerundeten Lappen, welcher dem vorletzten Umgange angelegt erscheint.

$$L = 10, \quad B = 5, \quad M = 3 \cdot 8 \, mm. \text{ (decollirt).}$$

Fundort: Roknia.

Ich beurtheile diese Art nach Exemplaren vom Originalfundorte Roknia bei Hammam Meskhutin in Algerien. Exemplare von dem benachbarten Guelma, welche ich der Güte Dr. Kobelt's verdanke, stimmen mit der typischen Form bis auf die mitunter stärkere Wölbung der Umgänge vollkommen überein.

— var. henoni Bourguignat.

Taf. V, Fig. 51.

Pomatias henoni Bourg., Prodrôme malac. Tunisie, p. 136, 1887.

Das Gehäuse schlanker, thurmförmig, etwas feiner und weitläufiger gerippt, die Umgänge stärker gewölbt; der Mundsaum meist kräftig verdoppelt der Innensaum verbunden oder nahezu zusammenhängend, vom Aussensaume durch eine Furche getrennt.

$$L = 10 \cdot 3, \quad B = 4 \cdot 4, \quad M = 3 \cdot 3 \, mm.$$

Unter dieser Bezeichnung erhielt ich von Dr. Kobelt eine *Pomatias*-Form mit der Fundortsangabe Col des Oliviers, welche sich durch die angeführten Merkmale von der typischen Form des *P. letourneuxi* Brgt. nur wenig unterscheidet und jedenfalls nur eine Varietät derselben darstellt.

Pomatias (Stereopoma) perseianus Kobelt.

Taf. V, Fig. 52 *a*, *b*, *c*.

Pomatias Perseianum Kobelt, Nachrichtsblatt d. deutsch. malacozool. Gesellsch. XXIII, S. 136, 1888. — Iconogr. N. F. V, Nr. 904.
» *tunetanus* Letourneux et Bourguignat, Malacol. Tunisie, p. 136, 1887.
» *Perseianum* var. *ziguense* Kobelt, Nachrichtsblatt d. deutsch. malacozool. Gesellsch. XVIII, S. 109, 1886.
Beloiri Letourneux, Malacol. Tunisie, p. 135, 1887.
donnetti Letourneux et Bourguignat. Malacol. Tunisie, p. 136, 1887.
» *punicus* Letourneux et Bourguignat, Prodr. malacol. Tunisie, p. 139, 1887.
» *latastecanus* Letourneux et Bourguignat, Malacol. Tunisie, p. 135, 1887.

Gehäuse: theilweise bedeckt durchbohrt, verlängert kegelförmig, mit leicht convexen Conturen, durchscheinend, wenig glänzend bis matt, einfärbig gelbweiss bis grauweiss oder gelbbraun gefleckt, mit 1—2 undeutlichen Fleckenbinden.

Die 8 bis 9 wenig gewölbten bis nahezu flachen Umgänge nehmen langsam und regelmässig zu, werden durch eine seichte, fadenförmig eingesenkte Naht geschieden: der letzte ist unten etwas abgeflacht und undeutlich gekantet, vor der Mündung steigt derselbe langsam ein wenig hinauf. Die obersten $1^1/_2$ bis 2 Umgänge werden mitunter abgestossen.

Die Sculptur besteht aus gleichartigen, dichten und feinen, schiefen, leicht gebogenen Rippen, welche unmittelbar vor der Mündung schwächer und meist etwas weitläufiger werden. (Die Rippen auf den oberen Umgängen gleich breit wie die Zwischenräume, auf den letzten zwei Umgängen um die Hälfte schmäler.)

Die nahezu senkrechte, unten nur wenig zurückweichende Mündung ist birnförmig, im Gaumen gelbbraun gefärbt. Der Mundsaum ist entweder einfach, aber innen mit einer weissen Lippe bedeckt und fast zusammenhängend, oder deutlich verdoppelt. Der Innensaum deutlich vom Aussensaum abgehoben, nahezu verbunden und etwas erweitert; der Aussensaum genähert inserirt, dünn und scharf, breit umgeschlagen, etwas ausgehöhlt und in der Mitte des Aussenrandes etwas vorgezogen; vor der Spindelinsertion zu einem stumpfwinkeligen Lappen verbreitert, sodann verschmälert und nach rückwärts umgeschlagen, vor der Ausseninsertion zu einem abgerundeten Lappen verbreitert, welcher vom vorletzten Umgange ziemlich weit absteht.

$$L = 11, \quad B = 4 \cdot 7, \quad M = 3 \cdot 8 \, mm.$$

Fundort: Dschebel Bu Kornein.

$$L. = 12 \cdot 4, \quad B = 5 \cdot 3, \quad M = 4 \cdot 3 \, mm.$$

Fundort: Dschebel Zaghuan.

Die Originalfundorte der Art sind nach Angabe des Autors »Dschebel Bu Kornein und Dschebel Rsass bei Tunis. Die Güte Dr. Kobelt's machte es mir möglich, zahlreiche Exemplare der genannten Fundorte mit solchen von Dschebel Zaghuan und Haman Linf vergleichen zu können; dem zufolge finde ich die

Vorkommnisse des *P. persicanus* Kobelt an allen erwähnten Fundorten in Tunis geradezu auffallend übereinstimmend. Lediglich individuelle Verschiedenheiten bezüglich der Zunahme der Umgänge, Entwicklung des Mundsaumes, der Sculptur und schliesslich der Farbe können wohl oft nur durch die Untersuchung und den Vergleich zahlreicher Individuen ihrem systematischen Werthe nach richtig beurtheilt werden, im vorliegenden Falle finde ich aber selbst mit Rücksicht auf diesen Umstand keine Erklärung für die Trennung so auffallend übereinstimmender Formen.

Von *P. letourneuxi* Bourg. unterscheidet sich vorstehende Art durch das dickere, in der Contour leicht convexe Gewinde, die constant schwächeren und niedrigeren Rippen und die Beschaffenheit des Mundsaumes. (Spindellappen stumpfwinkelig, Aussenlappen dem vorletzten Umgange nicht angelegt, bei *P. letourneuxi* Bourg. Spindellappen rechtwinkelig, Aussenlappen dem vorletzten Umgange angelegt.)

Über die Ausdehnung des Verbreitungsgebietes der genannten Arten gibt mir mein Material keine genügenden Auskünfte, die entsprechenden Literaturnachweise französischer Autoren erscheinen mir in Folge der gänzlich verschiedenen Auffassung der Systematik, insbesondere des Artbegriffes, in dieser Hinsicht unbrauchbar.

c) Formenkreis *Sardoa* n.

Pomatias (Stereopoma) sardous (Maltzan) Westerlund.

Taf. V, Fig. 53 *a, b*.

Pomatias (Auritus) sardous (Maltzan) Westerlund, Fauna I, Suppl. S. 96.

Gehäuse: geritzt bis bedeckt durchbohrt, thurmförmig mit langsam verschmälertem Gewinde und stumpfem Apex, schwach durchscheinend und wenig glänzend, gelblich bis röthlich hornfarben, mit einer lichteren bis weisslichen Zone um die Mündung und drei rothbraunen, ziemlich intensiven Fleckenbändern; das oberste Fleckenband besteht aus schief rhombischen, der Sculptur entgegengesetzt gerichteten, länglichen Flecken.

Die neun Umgänge sind wenig gewölbt, werden jedoch durch eine deutlich eingesenkte Naht geschieden und nehmen langsam zu; der letzte ist unten undeutlich stumpfkantig, gegen die Mündung zu deutlich erweitert und steigt vorne sehr langsam und wenig hinauf.

Die Sculptur besteht aus fadenförmigen, ziemlich erhobenen, gleichartigen, etwas weitläufigen Rippen, welche auch am letzten Umgange wenig schwächer und dichter werden; die Rippen sind ferner wenig schief, kaum gebogen, lichter bis weiss gefärbt.

Die eiförmige Mündung weicht unten deutlich ein wenig zurück und ist im Gaumen gelblich bis hellbraun gefärbt. Der Mundsaum ist deutlich verdoppelt und verdickt; der milchweisse Innensaum etwas vorragend, leicht erweitert und nahezu zusammenhängend, der Aussensaum sehr schmal umgeschlagen, ziemlich dick, getrennt. Das Spindelohr kaum breiter als der übrige Mundsaum, abgerundet stumpfwinkelig, vom vorletzten Umgange entfernt.

$$L = 9 \cdot 3, \quad B = 4 \cdot 1, \quad M = 3 \cdot 1 \; mm.$$

Meine Exemplare erhielt ich von Dr. Kobelt mit der Fundortsangabe Dorgali (Covile Foddeito) in Sardinien. Westerlund beschreibt die Art ebenfalls nach Exemplaren von Dorgali, aber ziemlich abweichend; möglicherweise tritt *P. sardous* Maltzan an diesem Orte in mehreren mehr minder abweichenden Formen auf (wie *P. turriculatus* Phil. am Mte. Pellegrino).

— var. apostata (Maltzan) Westerlund.

Taf. V. Fig. 54.

Pomatias (Auritus) apostata (Maltzan) Westerlund, Fauna I, Suppl. S. 96.

Sehr ähnlich dem *P. sardous* (Maltz.) Westerl. von Dorgali, die Sculptur besteht hier jedoch aus dichteren, feineren und etwas ungleichmässigen Rippchen, der Mundsaum ist schwächer verdoppelt.

$$L = 8 \cdot 7, \quad B = 3 \cdot 7, \quad M = 2 \cdot 7 \; mm.$$

Fundort. Mte. d'Oliena im Nordosten Sardiniens. Westerlund vergleicht diese Form mit *P. agriotes* Westerl., ich finde zwischen diesen Formen keine Ähnlichkeit, denn *P. agriotes* Westerl. besitzt eine schwächere, aus auffallend schiefen, ungleichartigen und weitläufigen Rippchen zusammgesetzte Sculptur, stärker gewölbte Umgänge, einen wesentlich anders gestalteten Mundsaum und ist, wenigstens meinem Materiale nach einfärbig.

Weitere sardinische Formen, wie *P. maltzani* Westerl. und *P. perdix* Westerl. sind mir nur den Beschreibungen nach bekannt geworden, dementsprechend dürften dieselben auch zum Formenkreise des *P. sardous* (Maltzan) Westerl. gehören.

Das Verbreitungsgebiet dieses Formenkreises ist den bekannt gewordenen Fundorten zufolge auf Sardinien beschränkt.

Sectio **AURITUS** Westerlund.

Deckel: häutig, sehr dünn und elastisch, aus zwei zarten, dicht aneinanderliegenden Membranen gebildet, gelblich oder licht hornfarben, glänzend und durchsichtig, mit kaum sichtbaren 4 Windungen und centralem Nucleus.

Gehäuse: klein bis mittelgross, stets ungenabelt, der Mundsaum vor der Spindelinsertion rasch nach rückwärts umgeschlagen und der Spindel dicht angelegt (vide Taf. VIII, Fig. 85 *b*), wodurch derselbe in der Frontalansicht mehr minder scharf winkelig ausgeschnitten erscheint. Die auf diese Weise gebildete spitz- bis stumpfwinkelige, scharfe oder mehr minder abgerundete Ecke wird als Spindelohr bezeichnet.

Die Embryonalumgänge sind stets glatt und glänzend, die folgenden gestreift bis gerippt.

Das Verbreitungsgebiet dieser formenreichen Section ist auffallend gross und erstreckt sich über Südfrankreich, die südlichen Alpenländer, Italien, Sicilien, Algier und den Westen der Balkanhalbinsel. Das Centrum dieses Verbreitungsgebietes bilden anscheinend die Gebirgsländer, welche den nördlichen Theil des adriatischen Meeres umgeben, denn hier leben auf verhältnissmässig kleinem Raume Vertreter der meisten Formenkreise.

Übersicht der Formenkreise.

a) Philippiana n. Die Sculptur des Gehäuses ist gemischt (abwechselnd stärkere und schwächere Rippchen) und wenig schief, der Mundsaum verdoppelt und breit, das Spindelohr abgerundet, dem vorletzten Umgange sehr genähert oder mit demselben verbunden.

Verbreitung: Südtirol und Venetien.

b) Cisalpina n. Der Apex dick und stumpf, die Umgänge stark gewölbt, der letzte erweitert und hoch hinaufsteigend; die Sculptur gleichartig, ziemlich schief. Die Mündung gross, der Mundsaum breit aber dünn, das meist scharf gewinkelte Spindelohr vom vorletzten Umgange entfernt.

Verbreitung: Südtirol und die Alpenthäler Norditaliens von den Meeralpen bis zum Tagliamento.

c) Atlantica n. Der Apex auffallend dick, die Umgänge sehr stark gewölbt, die Sculptur gleichartig. Der Mundsaum einfach bis schwach verdoppelt, mit kaum vorragendem, vom vorletzten Umgange entfernten Spindelohr.

Verbreitung: Umgebung der Stadt Algier.

d) Difficilis n. Gehäuse klein bis sehr klein, mit dünnem Apex und schlankem Gewinde. Die schiefe Sculptur sehr veränderlich, der letzte Umgang mässig erweitert, der Mundsaum einfach bis verdoppelt mit spitz- bis stumpfwinkeligem, vom vorletzten Umgange entferntem Spindelohr.

Verbreitung: Südfrankreich, Schweiz, Italien, Sicilien, südliche Alpenländer, Nordwesten der Balkanhalbinsel, Insel Euböa.

e) Neglecta n. Apex sehr dünn, die Umgänge stark gewölbt und rasch zunehmend; der letzte gegen die Mündung zu stark erweitert, rasch und hoch hinaufsteigend. Die Sculptur auf den mittleren Umgängen ziemlich kräftig, auf dem letzten rasch und auffallend abgeschwächt. Der Mundsaum verdoppelt breit und verdickt, das Spindelohr stumpfwinkelig, vom vorletzten Umgange entfernt.

Verbreitung: Venetien, Krain und Kroatien.

f) Nana n. Die gleichartige und meist dichte Sculptur auffallend schief, der Apex ziemlich dünn, der letzte Umgang erweitert und hoch hinaufsteigend. Das spitzwinkelige Spindelohr dem vorletzten Umgange sehr genähert, dicht angelegt oder mit demselben verbunden.

Verbreitung: Krain, Südkroatien, Insel Lesina in Dalmatien.

g) Dalmatina n. Merkmale und Verbreitung des *P. dalmatinus* L. Pfeiffer.

a) Formenkreis *Philippiana* n.

Pomatias (Auritus) philippianus (Gredler) L. Pfeiffer.

Taf. VI, Fig. 55 *a, b*.

Pomatias philippianum (Gredler) L. Pfeiffer, Monogr. Pneumonopom. viv. III, p. 118.

Gehäuse: verlängert kegelförmig bis thurmförmig, mit schmaler Basis, ziemlich schlankem, langsam verschmälertem Gewinde, aber dickem abgestumpften Apex; einfärbig hornfarben bis rothbraun oder gefleckt mit zwei, auf dem letzten Umgange drei rothbraunen Fleckenbinden; die unterste hievon ist oft zusammenhängend, fehlt aber mitunter gänzlich, die zwei oberen bestehen aus annähernd quadratischen ziemlich weitläufigen Flecken; schwach durchscheinend, kaum glänzend bis matt.

Die 8 bis 9 Umgänge nehmen langsam und regelmässig zu, sind ziemlich gewölbt und werden durch eine mässig tiefe Naht geschieden; der letzte ist unten gerundet, gegen die Mündung zu rasch erweitert und steigt vorne rasch und ziemlich hoch hinauf.

Die dichte Sculptur ist gemischt und besteht aus ziemlich kräftigen aber stumpfen Rippen, mit zwischengestellten feinen, aber deutlichen Streifen (1 bis 2 Streifen in einem Zwischenraume). Die Rippen sind schief, etwas gebogen, weiss gefärbt oder nur gestrichelt und werden gegen die Mündung zu schwächer, so dass der Unterschied in der Sculptur daselbst mehr ausgeglichen wird und vor der Mündung meist nur eine dichte Streifung besteht.

Die rundeiförmige oder nahezu kreisförmige Mündung weicht unten deutlich ein wenig zurück und ist innen hellbraun gefärbt.

Der Mundsaum ist meist kräftig verdoppelt; der Innensaum scharf, vorragend und zusammenhängend, der Aussensaum breit umgeschlagen, flach und meist dünn und scharf, aussen breit, dem vorletzten Umgange angelegt, getrennt; das Spindelohr abgerundet, etwas breiter als der übrige Mundsaum, dem vorletzten Umgange genähert oder demselben dicht angelegt.

$$L. = 8 \cdot 7, \quad B = 3 \cdot 5 \quad M = 2 \cdot 9 \, mm.$$

Fundort: Rivoli und Peri.

Ich beurtheile diese Art zunächst nach Exemplaren von Rivoli und Peri- in Venetien, welche mir P. Gredler zur Ansicht überliess; entsprechende, zum Theile grössere Exemplare kenne ich ausserdem von Vittorio, Serravalle, Chiusaforte, Pontebba in Venetien und Ala in Südtirol.

P. philippianus L. Pfeiffer var. *pachystoma* De Betta vom Monte Baldo ist nach Exemplaren Gredler's die typische Form, mit besonders kräftig verdoppeltem Mundsaum.

— var. **decipiens** De Betta.

Taf. VI, Fig. 56.

Das Gehäuse meist grösser, schwach bläulich getrübt, deutlich glänzend; die auffallend schwächere Sculptur besteht aus schwachen, oft undeutlichen Streifen und vereinzelten Rippen auf den oberen Umgängen (dieselben fehlen oft ganz).

$$L. = 9 \cdot 3, \quad B = 3 \cdot 8, \quad M = 3 \, mm.$$

Von P. Gredler erhielt ich diese auffallende, in extrem entwickelten Exemplaren geradezu an *P. henricae* Strobel erinnernde Form mit der Fundortsangabe Monte Baldo, etwas grössere und nahezu glatte Exemplare, ausserdem von Monterosato aus Serravalle in Venetien.

Diesen Fundortsangaben nach ist also vorstehende Varietät von der typischen Form räumlich nicht geschieden.

Unausgewachsene Exemplare des *P. philippianus* Pfeiffer erscheinen mitunter bei entsprechender Vergrösserung geritzt, der Spindelrand des Mundsaumes vollkommen entwickelter Exemplare ist aber derartig nach rückwärts umgeschlagen, dass die Nabelgegend vollkommen bedeckt wird und ein deutliches, abgerundetes Spindelohr gebildet wird.

Das Verbreitungsgebiet dieser Art erstreckt sich entlang dem Gebirgszuge der Venetianer Alpen vom Gardasee bis zum Tagliamento.

P. philippianus L. Pfeiffer schliesst sich seinen wesentlichen Merkmalen nach den Arten dieser Section an, erscheint jedoch keiner mir bekannten Art näher verwandt.

b) Formenkreis *Cisalpina* n.

Pomatias (Auritus) porroi Strobel.

Taf. VI, Fig. 57 a, b.

Pomatias porroi Strobel, Note malacologiche d'una gita in Valbremb. nel bergamasc., p. 22, 1851.

Gehäuse: kegelförmig bis verlängert kegelförmig, mit ziemlich dickem Gewinde und dickem stumpfen Apex, gut durchscheinend, wenig glänzend bis matt, hornbraun bis dunkel hornbraun, mit zwei, auf dem letzten Umgange drei rothbraunen Fleckenbändern; das unterste Fleckenband ist häufig zusammenhängend und am intensivsten gefärbt, das mittlere sehr schmal und schwach, oft verwaschen, das oberste, dicht an der Naht, reicht am weitesten auf den Umgängen hinauf und besteht, wie das vorher genannte aus annähernd viereckigen, ziemlich weitläufigen Flecken.

Die acht Umgänge nehmen ziemlich langsam und regelmässig zu, sind gut gewölbt und werden durch eine tief eingesenkte Naht geschieden; der letzte ist unten leicht abgeflacht, sehr undeutlich stumpfkantig bis gerundet, gegen die Mündung zu erweitert und steigt vorne ziemlich rasch und hoch hinauf.

Die Sculptur besteht aus dünnen, scharfen, ziemlich hohen und gleichmässig weitläufigen Rippen, welche auf dem letzten Umgange rasch schwächer, aber kaum dichter werden, vor der Mündung nahezu verschwinden; die Rippen sind ferner schief, deutlich gebogen, gleichartig und meist lichter als das Gehäuse gefärbt. Die verhältnissmässig grosse Mündung ist kurz birnförmig, oben leicht ausgebuchtet oder nahezu kreisförmig, senkrecht, mit etwas vorgezogenem Aussenrande, innen gelblich oder weisslich.

Der Mundsaum meist verdoppelt, der Innensaum zusammenhängend, ziemlich vorragend, aber dünn und vom Aussensaum durch eine deutliche Furche geschieden, der Aussensaum dünn und scharf, breit umgeschlagen, etwas ausgehöhlt, unten am schmälsten; das Spindelohr breiter als der übrige Mundsaum, recht- bis spitzwinkelig, vom vorletzten Umgange ziemlich entfernt.

$L = 9·3$, $B = 4·2$, $M = 3·3\, mm$.

Der Originalfundort dieser Art ist das Val Brembana nördlich von Bergamo; meine von Pini mitgetheilten Exemplare stammen von ebendaher.

P. porroi Strobel kann als Typus einer durch auffallend constante gemeinsame Merkmale ausgezeichneten Formenreihe (dickes Gewinde, stumpfer Apex, constante Fleckenbänder, gleichmässige und scharfe Sculptur, grosse Mündung mit charakteristischem Mundsaum) aufgefasst werden, deren einzelne Glieder sich untereinander hauptsächlich nur durch die mehr minder dichte und hohe Sculptur, Grösse, Höhe des Gewindes unterscheiden, diese Merkmale jedoch an den einzelnen Fundorten auffallend constant festhalten.

Die mir bekannt gewordenen Formen leben zum Theile auch räumlich geschieden, jede in einem anderen Thale der italienischen Alpen (Tridentiner, Bergamasker und Meer-Alpen).

- - var. **gredleri** Westerl.

Taf. VI, Fig. 58.

Pomatias gredleri Westerlund, Jahrbücher d deutsch. malacozool. Gesellsch. VI, p. 161, 1879.

Das Gehäuse stärker glänzend, die Rippen dichter und feiner, der Mundsaum meist schwächer entwickelt, einfach bis verdoppelt, der Aussensaum schmäler.

$L = 9·8, \quad B = 4·2, \quad M = 3·3\ mm.$

Fundort: Val Ampola.

Das einzige wesentliche Merkmal, welches diese Form von *P. porroi* Strobel trennt, ist eben die constant etwas dichtere Sculptur.

P. porroi Strobel var. *gredleri* Westerl. findet sich meinem von Gredler, Kobelt und Stussiner mitgetheilten Material zufolge im Val Ampola und am Mte. Suello (Nordrand des Idrosees) in Südtirol.

— var. **valsabina** Pini.

Taf. VI, Fig. 59.

Pomatias valsabinus Pini, Novità malacologiche in Atti d. soc. ital. d. sc. natur. Vol. XXVII, p. 7, 1884.

Das Gehäuse grösser, dunkler gefärbt, auffallend dichter gerippt, der Mundsaum zumeist schmäler, schwach verdoppelt.

$L = 10·6, \quad B = 5, \quad M = 3·8\ mm.$

Fundort: Anfo.

Von *P.* — var. *Gredleri* Westerl. unterscheidet sich vorstehende Form ebenfalls durch bedeutendere Dimensionen, aber nur wenig dichtere Sculptur und geht am Mont. Suello anscheinend auch räumlich ohne bestimmte Grenze in diese Varietät über.

Meine Exemplare erhielt ich vom Autor mit der Fundortsangabe Anfo und Idro im Val Sabbia, südlich vom Idrosee.

— var. **recondita** Pini.

Pomatias reconditus Pini, Novità malacol. in Atti d. soc. ital. d. sc. natur. Vol. XVII, 1884, p. 29.

Die Sculptur der oberen Umgänge wie bei *P. porroi* Strobel, am letzten Umgange jedoch deutlich dichter, der Mundsaum meist kräftig verdoppelt.

$L = 8·5, \quad B = 4, \quad M = 3·2\ mm.$

Die mir vom Autor mitgetheilten Exemplare stammen aus dem Val Sassina, nördlich von Bergamo; dieselben unterscheiden sich sehr wenig, aber constant von der typischen Form aus dem Val Brembana.

— var. **stabilei** Pini.

Taf. VI, Fig. 60.

Pomatias Stabilei Pini, Novità malacol. in Atti d. soc. ital. d. sc. natur. Vol. XXVII, p. 9.

Das Gehäuse kleiner, lichter gefärbt, mit schwächeren bis nahezu erloschenen Fleckenbändern; die Umgänge nehmen etwas rascher zu und sind mehr gewölbt, die Sculptur besteht aus viel dichteren und schwächeren Rippenstreifen, welche am letzten Umgange wenig schwächer werden und nur vor der Mündung in deutliche Streifung übergehen; der Mundsaum verdoppelt, der Aussensaum schmäler, das Spindelohr abgerundet stumpfwinkelig.

$L = 9·4, \quad B = 4·1, \quad M = 3·2\ mm.$

Fundort: Pasturo im Val Sassina.

P. — var. *Stabilei* Pini besitzt unter den angeführten Formen dieser Art die dichteste und schwächste Sculptur, die Übereinstimmung der wesentlichen Merkmale ist aber noch so auffallend, dass diese Form am besten als Varietät des *P. porroi* Strobel bezeichnet erscheint.

Das Verbreitungsgebiet dieser für Norditalien charakteristischen Formenreihe erstreckt sich den wenigen bekannt gewordenen Fundorten zufolge über den zwischen dem Comosee und der Etsch liegenden Theil der Südalpen; ähnliche Formen vermuthe ich noch in den Alpenthälern westlich vom Comosee.

Die Formen des *P. porroi* Strobel werden mehrfach mit *P. septemspiralis* Razoum. ähnlich befunden und verglichen; ich finde diese Ähnlichkeit zwar nicht, erwähne aber als Unterschiede, dass vorstehende Art stets ungenabelt, charakteristisch geöhrt, das Gewinde und der Apex derselben viel dicker, die Sculptur, Färbung und der Mundsaum deutlich verschieden sind.

(Wagner.)

Die wesentlichen Unterschiede von den Formenreihen des *P. tergestinus* Westerl. und *P. palulus* Drap. ergibt schon der Vergleich der beigegebenen Abbildungen.

Pomatias (Auritus) subalpinus Pini.

Taf. VI, Fig. 61 *a, b*.

Pomatias subalpinus Pini. Novitá malacol. in Atti d. soc. ital. d. sc. natur. Vol. XXVII, p. 4, 1884.

Gehäuse verlängert kegelförmig mit auffallend dickem, nach oben langsam verschmälertem Gewinde, stumpfem Apex und verhältnissmässig schmaler Basis, gelblich hornfarben, mit zwei braunen Fleckenbändern, von welchen das Basalband meist sehr schwach, oder wie das mittlere ganz erloschen ist, während das oberste entlang der Naht auch auf den mittleren Umgängen sichtbar wird, gut durchscheinend, schwach glänzend.

Die 8 Umgänge nehmen langsam und regelmässig zu, sind stark gewölbt und werden durch eine tiefe Naht geschieden; der letzte ist unten gerundet, gegen die Mündung zu wenig erweitert und steigt vorne deutlich und ziemlich rasch hinauf.

Die Sculptur besteht aus gleichmässig feinen, sehr dichten, schiefen, leicht gebogenen Rippenstreifen, welche am letzten Umgange in feine aber deutliche Streifen übergehen.

Die gerundete, oben leicht gewinkelte Mündung ist senkrecht. Der Mundsaum ist verdoppelt; der Innensaum deutlich vorragend, stumpf und zusammenhängend, der Aussensaum schmal umgeschlagen, ziemlich dünn und scharf; das Spindelohr kaum breiter als der übrige Mundsaum, abgerundet stumpfwinkelig, vom vorletzten Umgange entfernt.

$$L = 8 \cdot 1, \quad B = 3 \cdot 4, \quad M = 2 \cdot 5 \, mm.$$

Ich beurtheile diese Art nach vom Autor mitgetheilten Exemplaren aus dem Valle di Pesio (Seehöhe 1800 *m*) südlich von Cuneo in den Meeralpen.

Das auffallend dicke Gewinde bei stumpfem Apex und stark gewölbten Umgängen kennzeichnet diese Art neben anderen Merkmalen als Vertreter dieses Formenkreises, dessen extremste Form sie im Vergleiche zur typischen Form des *P. porroi* Strobel darstellt.

Von *P. porroi* Strobel unterscheidet sich vornstehende Art durch die langsamer zunehmenden, etwas stärker gewölbten Umgänge, dementsprechende schmälere Basis bei noch dickerem Gewinde, lichtere Färbung, viel dichtere und schwächere Sculptur, schmalen Mundsaum mit schwächer entwickeltem, stumpfwinkeligem Spindelohr.

c) Formenkreis *Atlantica* n.

Pomatias (Auritus) atlanticus Bourguignat.

Taf. VI, Fig. 62 *a, b*.

Pomatias atlanticus Bourguignat, Moll. Itigieux I, p. 290, t. 40, f. 13—16, 1866.

Gehäuse: thurmförmig mit schmaler Basis, dickem, langsam verschmälertem Gewinde und verhältnissmässig sehr dickem und stumpfem Apex, gelblich bis röthlich hornfarben, mit zwei, auf dem letzten Umgange drei, meist wenig deutlichen braunen Fleckenbändern, welche aus ziemlich weitläufigen, annähernd quadratischen Flecken bestehen; gut durchscheinend, leicht glänzend.

Die 7 bis 8 Umgänge sind sehr stark gewölbt, nahezu aufgeblasen und nehmen langsam und regelmässig zu; der letzte ist unten etwas abgeflacht und undeutlich stumpf gekantet, gegen die Mündung zu kaum erweitert und steigt vorne sehr wenig oder gar nicht hinauf.

Die Sculptur besteht aus gleichartigen, fadenförmigen, ziemlich erhobenen, aber stumpfen Rippchen, welche auf den oberen Umgängen ziemlich dicht, auf der mittleren und unteren etwas weitläufiger stehen, aber auch am letzten Umgange kaum schwächer werden; die Rippchen sind ferner lichter bis weisslich gefärbt, wenig schief, kaum gebogen.

Die rundeiförmige Mündung weicht unten deutlich ein wenig zurück. Der Mundsaum ist einfach, dünn und scharf, kaum umgeschlagen oder gerade, durch eine Schwiele verbunden; das Spindelohr wenig breiter als der übrige Mundsaum, abgerundet und meist nur angedeutet.

$$L = 7\cdot7, \quad B = 3\cdot3, \quad M = 2\cdot4 \, mm.$$

Ich beschreibe die Art nach Exemplaren von »Gorges d'Isser« (Schlucht des Isser zwischen Palestro und Algier), welche mir Dr. Kobelt zur Ansicht übergab.

— var. **pechaudi** (Letourn.) Bourguignat.

Taf. VI, Fig. 63.

Pomatias Pechaudi (Letourn.) Bourguignat.

Das Gehäuse wie bei *P. atlanticus* Bourg., die Sculptur ist jedoch dichter und feiner und besteht aus feinen Rippenstreifen; der Mundsaum ist schwach, aber deutlich verdoppelt, die Embryonalwindungen sind noch dicker.

$$L = 8\cdot4, \quad B = 3\cdot6, \quad M = 2\cdot5 \, mm.$$

Ich erhielt diese Form unter der angeführten Bezeichnung von J. Stussiner mit der Fundortsangabe »Beni-bou-Addou, Chaîne du Djurdjura, Kabylie, 1200 *m* sup. mare«; dieselbe zeigt bis auf die etwas schwächere Sculptur und den deutlich verdoppelten Mundsaum eine grosse Übereinstimmung mit *P. atlanticus* Brgt. und wird am besten als Varietät dieser Art aufgefasst.

P. atlanticus Bourg. bildet den Typus eines dem Djurdjuragebirge in Algier eigenthümlichen Formenkreises und zeichnet sich besonders durch die auffallend grossen Embryonalwindungen, die stark gewölbten Umgänge und den schwach entwickelten Mundsaum aus. Von dem ähnlichen *P. subalpinus* Pini aus dem norditalienischen Formenkreise der *Cisalpina* n. unterscheidet sich vorstehende Art durch den noch dickeren Apex, die stärkere Sculptur und den einfacheren, kaum verdoppelten Mundsaum.

d) Formenkreis *Difficilis* n.

Pomatias (Auritus) patulus Draparnaud.

Taf. VII, Fig. 64 a, b.

Cyclostoma patulum Draparnaud, Hist. natur. p. 38, t. 1, f. 9, 10, 1805.
Pomatias patulum Dupuy, Hist. natur. d. Mollusques, V. fasc. p. 520—521, 1851.

Gehäuse: verlängert kegelförmig mit verhältnissmässig breiter Basis, gut durchscheinend, schwach glänzend bis matt, einfärbig gelblich bis röthlich hornfarben, um die Mündung ein wenig lichter.

Die 8 bis 9 gewölbten Umgänge werden durch eine ziemlich tiefe Naht geschieden; der letzte ist unten gerundet, gegen die Mündung zu erweitert und steigt vorn langsam, aber deutlich ein wenig hinauf. Die Sculptur besteht auf den oberen Umgängen aus dichten und feinen Rippchen, auf den unteren aus Rippenstreifen, welche auf dem letzten Umgange in Streifen übergehen, vor der Mündung schwächer werden, oder nahezu verschwinden.

Die rund-eiförmige Mündung ist entweder nahezu senkrecht, oder weicht unten deutlich etwas zurück. Der Mundsaum ist weiss und verdoppelt; der Innensaum meist etwas vorragend, verbunden oder fast zusammenhängend, der Aussensaum breit umgeschlagen, ausgebreitet, ziemlich dünn und scharf; aussen gleich breit inserirt, dem vorletztem Umgange ein wenig angelegt, an der Spindel recht- bis stumpfwinkelig geöhrt, das Ohr meist breiter als der übrige Aussensaum, vom vorletzten Umgange entfernt.

$$L = 9, \quad B = 4\cdot1, \quad M = 3\cdot1 \, mm.$$

Originalexemplar Draparnaud's von Montpellier.

$$L = 8, \quad B = 3\cdot6, \quad M = 2\cdot8 \, mm.$$

Fundort: Gorges d'Olliaules, Var.

Ich beurtheile diese Art nach Originalexemplaren Draparnaud's von Montpellier in Südfrankreich, welche sich im k. k. naturhistorischen Hofmuseum in Wien befinden; in den wesentlichen Merkmalen vollkommen übereinstimmende, nur bezüglich der Grösse, der mehr minder kräftigen und dichten Sculptur einigermassen veränderliche Formen kenne ich ausserdem vom Mont. Ventoux (Dep. Vaucluse) Gorges d'Ollioulles (Dep. Var.), und Marseille. Von Herrn J. Stussiner erhielt ich ferner typische Exemplare dieser Art mit der Fundortsangabe Lombardei, welche ich durchaus nicht bezweifle.

P. patulus Drap. kann als Typus einer grossen Zahl von sehr ähnlichen und nahe verwandten Formen aufgefasst werden, welche meist sehr schwierig und oft nur mit Berücksichtigung sonst untergeordneter Merkmale, schliesslich auch des Fundortes sicher von einander unterschieden werden können.

Das Verbreitungsgebiet dieser Formenreihe ist, wie im Nachfolgenden genauer ausgeführt wird, sehr ausgedehnt, wird aber derzeit noch vielfach durch ungenügend erforschte Gebiete unterbrochen.

— var. **attivanica** (Fagot) Westerlund.

Taf. VII, Fig. 65.

Fauna V, p. 125.

Das Gehäuse kleiner, schlanker, mit acht etwas langsamer zunehmenden Umgängen, röthlich hornfarben mit schwachem grauweissen Anfluge. Die Sculptur besteht aus dichten Rippenstreifen, welche am letzten Umgange in Streifen übergehen und vor der Mündung nahezu verschwinden. Der Mundsaum ist verdoppelt mit schmalem Aussensaum und stumpfwinkeligem, etwas abgerundetem Spindellappen.

$L = 7·2$, $B = 3·3$, $M = 2·4\,mm$.

Dr. Boettger übergab mir 2 Exemplare dieser Form, welche Schmacker am Originalfundorte Frioul in Südfrankreich sammelte; dieselben unterscheiden sich von der typischen Form des *P. patulus* Drap. wesentlich durch ihre dichtere, auf den oberen Umgängen auch schwächere Sculptur.

— var. **planata** n.

Taf. VII, Fig. 66.

Die Umgänge schwächer gewölbt, die Rippen der mittleren Umgänge stärker und weitläufiger, aber sowohl bezüglich des Abstandes, als der Stärke ungleichmässiger, der letzte Umgang unten etwas abgeflacht, jedoch gerundet, oder nur sehr undeutlich gekantet.

$L = 10·2$, $B = 4·3$, $M = 3·4\,mm$.

Diese Form erhielt ich von J. Stussiner mit der Fundortsangabe Serrone (Schweiz).

Extrem entwickelte Exemplare, wie das abgebildete, unterscheiden sich recht auffällig von der typischen Form, doch finden sich in der Sendung auch entsprechende Übergangsformen mit mehr gewölbten Umgängen, schwächeren, gleichmässigeren Rippchen, welche über das Verhältnis dieser Form zu *P. Patulus* Drap. keinen Zweifel aufkommen lassen.

Der Verbreitungsbezirk des *P. patulus* Drap. in der Auffassung älterer Autoren, vor Allem Draparnaud's und Dupuy's, welcher ich mich auch derzeit anschliesse, erstreckt sich über das südliche und centrale Frankreich nebst den angrenzenden Gebieten der Schweiz und Norditaliens.

Neuere, vor Allem französische Autoren, führen aus Südfrankreich eine ganze Reihe selbständiger Arten[1] an, welche ich nur den Beschreibungen nach beurtheilen konnte. Dementsprechend unterscheiden sich aber diese Arten nur wenig von *P. patulus* Drap., sind durchwegs selten, bis sehr selten und nur auf sehr beschränkten Gebieten anzutreffen, gehören also vermuthlich auch zum engeren Formenkreise des *P. patulus* Drap.

Pomatias (Auritus) gualfinensis De Stefani.

Taf. VII, Fig. 67 a, b.

Pomatias gualfinense de Stefani, Bull. Soc. malac. ital. V, p. 46, 99, 1879.

Das Gehäuse gethürmt kegelförmig, sehr schlank, einfärbig horngrau oder gelblich hornfarben (nach der Originaldiagnose selten rothbraun gefleckt). Die 8—9 gut gewölbten Umgänge nehmen langsam und

---

[1] *P. subpectinatus* Palladilhe (selten in der Umgebung von Lamalou, Dép. Hérault); *P. Macci* Bourg. (selten in der Umgebung von Grasse, Dép. Alpes-maritimes); *P. Nevilli* Bourg. et Luc. (sehr selten bei Mentone); *P. Piniavus* Bourg. (selten bei Mentone); *P. Saint-Simonianus* Bourg. (selten bei Saint-Auban, Dép. Alpes-maritimes); *P. Bourguignati* de Saint-Simon (dép. Pyrénées-Orientales ; *P. alloglyptus* Westerl. (Départ. Pyrénées-Orientales); *P. galloprovincialis* Luc. (Alpes-maritimes).

regelmässig zu und werden durch eine tiefe Naht geschieden; der letzte ist unten gerundet und steigt vor der Mündung langsam ein wenig hinauf. Die Sculptur besteht auf den oberen Umgängen aus ziemlich dichten und gleichmässigen Rippchen, welche auf den mittleren Umgängen allmählig weitläufiger, schwächer und auch ungleichmässig werden, auf dem letzten Umgange in eine dichtere, gegen die Mündung zu schwächere oder nahezu verschwindende Streifung übergehen. Die Rippchen und Streifen sind ausserdem schief, deutlich gebogen und lichter, als das Gehäuse gefärbt. Die rundeiförmige Mündung ist innen gelbbraun gefärbt und weicht unten deutlich zurück. Der Mundsaum ist verdoppelt, der Innensaum stumpf, etwas vorragend, verbunden oder zusammenhängend, der Aussenraum schmal umgeschlagen, ausgebreitet, dünn, die Ränder getrennt; an der Spindel stumpfwinkelig, häufig abgerundet geöhrt, das Ohr nicht breiter als der Mundsaum, dem vorletzten Umgange etwas genähert.

$$L = 7\cdot7, \quad B = 3\cdot4, \quad M = 2\cdot4\ mm.$$

Ich beurtheile die Form nach Originalexemplaren, welche Dr. Kobelt vom Autor mit der Fundortsangabe »Sassorosso an der Alpe die Corfino bei Massa« in Mittelitalien erhalten hat.

Von *P. patulus* Drap. unterscheidet sich sich vorstehende Art durch das schlanke, thurmförmige Gewinde, die langsamer zunehmenden Umgänge, die weitläufigere Sculptur und den schmäleren Aussensaum der Mündung mit schwächer entwickeltem Spindelohr.

— var. **crosseana** Paulucci.

Taf. VII, Fig. 68 *a, b*.

Pomatias Crosseanus Paulucci, Bull. Soc. malacol. ital. V, 1879, p. 15, nec Saint-Simon.

Das Gehäuse leichter gefärbt mit einer weisslichen Zone um die Mündung und weisslichen Rippen. Der letzte Umgang hat unten eine deutliche Kante und entsprechend derselben einen lichteren Streifen. Die Sculptur besteht aus kräftigeren, bis zur Mündung ziemlich weitläufigen und hier nur wenig schwächeren Rippchen. Das Spindelohr des Aussensaumes ist abgerundet, dem vorletzten Umgange mehr genähert.

$$L = 7\cdot7, \quad B = 3\cdot3, \quad M = 2\cdot6\ mm.$$

Auch diese Form liegt mir in Originalexemplaren der Autorin vom Originalfundorte Lucchio bei Lucca vor. Ich sehe in derselben eine Localvarietät des in Mittelitalien weiter verbreiteten *P. gualfinensis* de Stefani.

— var. **agriotes** Westerlund.

Taf. VII, Fig. 69 *a, b*.

Pomatias agriotes Westerlund, Jahrbücher d. deutsch. malacozool. Gesellsch. VI, S. 165, 1879.

Das Gehäuse dunkelrothbraun, mit einer weisslichen Zone um die Mündung und lichteren Rippen (frische Exemplare erscheinen mitunter leicht grauweiss bereift, die oberen Umgänge mit dem Thiere nahezu schwarz). Die 7–8 Umgänge sind etwas weniger gewölbt, der letzte unten gerundet oder undeutlich gekantet und leicht abgeflacht. Die Sculptur besteht aus weitläufigen, ungleichmässigen und ziemlich unregelmässig vertheilten Rippchen, welche auf dem letzten Umgange rasch schwächer werden, gegen die Mündung nahezu verschwinden. Die Mündung ist innen braun gefärbt, der Mundsaum verdoppelt, der Aussensaum schmal, an der Spindel stumpfwinkelig oder abgerundet geöhrt.

$$L = 8\cdot6, \quad B = 3\cdot7, \quad M = 2\cdot8\ mm.$$

Westerlund übergab mir Exemplare des *P. agriotes* Westerl. mit der Fundortsangabe »Umbrien«; eine vollkommen entsprechende Form erhielt ich ferner von Dr. Kobelt aus Avellana und dem Monte Sibilla in Umbrien.

Die Zusammengehörigkeit der hier angeführten drei Formen des *P. gualfinensis* de Stefani wird besonders durch den Vergleich der nach Originalexemplaren ausgeführten vergrösserten Abbildungen anschaulich gemacht; dieselben unterscheiden sich wesentlich nur durch die in Bezug auf Stärke und Weitläufigkeit wechselnde Sculptur, sowie die Intensität der Färbung.

Der Verbreitungsbezirk dieser noch nicht genügend bekannten Formenreihe erstreckt sich anscheinend über ganz Mittelitalien. Im ligurischen Apenin vermuthe ich ähnliche Formen, welche die Verbindung mit *P. patulus* Drap. herstellen; das Auftreten des ebenfalls nahe verwandten, bezüglich der Sculptur jedoch extrem entwickelten *P. eupleurus* Westerl. = *P. affinis* Benoit in Sicilien lässt auch auf eine Fortsetzung der Formenreihe in dieser Richtung hin schliessen.

Pomatias (Auritus) eupleurus Westerlund.

Taf. VII, Fig. 70 a, b.

Pomatias (Auritus) eupleurus Westerlund, Fauna V, S. 132.
» *affinis* (Benoit) Kobelt, Iconogr. N. F. Nr. 916.

Das Gehäuse schlank, thurmförmig, durchscheinend, glanzlos, röthlich hornfarben mit grauweissem staubartigem Anfluge und weissen Rippen.

Die 8 bis 9 Umgänge nehmen langsam und gleichmässig zu, sind gut gewölbt und werden durch eine tiefe Naht geschieden; der letzte ist unten gerundet oder leicht gekantet und steigt an der Mündung langsam und wenig hinauf.

Die Sculptur besteht aus im Allgemeinen weitläufigen, verhältnissmässig kräftigen, ziemlich hohen, aber stumpfen Rippen, welche auf den oberen Umgängen am dichtesten stehn, auf den mittleren Umgängen weitläufiger und kräftiger, am letzten Umgange noch weitläufiger, aber zunehmend schwächer werden; die Rippen sind ausserdem schief und deutlich S-förmig gebogen.

Die rundeiförmige bis nahezu kreisförmige Mündung weicht unten nur wenig zurück und ist im Gaumen deutlich braun gefärbt.

Der Mundsaum ist einfach bis schwach, aber deutlich verdoppelt, der Innensaum dünn, durch eine Schwiele verbunden, der Aussensaum dünn und scharf, schmal umgeschlagen, nicht flach, sondern trichterförmig, an der Spindel stumpf- bis spitzwinkelig geöhrt; das Spindelohr meist klein, nach vorne gebogen und dem vorletzten Umgange etwas genähert.

$$L = 8·5, \quad B = 3·4, \quad M = 2·6 \, mm.$$

Fundort: Nebrodi, Sicilien.

Zahlreiche Exemplare dieser Art erhielt ich von Dr. Kobelt, Monterosato und J. Stussiner mit den Fundortsangaben »Modonien« und der Umgebung von »Nebrodi« in Sicilien; unter denselben fand ich nur geringe Abweichungen bezüglich der mehr minder deutlichen Verdoppelung des Mundsaumes, weniger noch bezüglich der Sculptur.

P. eupleurus Westerl. gliedert sich in der Formenreihe der *P. patulus* Drap. eng dem *P. gualfincusis* de Stefani an.

Pomatias (Auritus) gracilis L. Pfeiffer.

Taf. VII, Fig. 71 a, b.

Cyclostoma gracile (Küster mss.) Pfeiffer in Martini, Chemnitz I, Nr. 215, S. 191, T. 26, F. 28—30, 1846.
Pomatias rugosus Clessin, Malacozool. Blätter, N. F. IX, S. 61, 1887.

Gehäuse: verlängert kegelförmig bis thurmförmig mit spitzem Apex und verhältnissmässig schmaler Basis, gut durchscheinend, fast glanzlos, grau, hornfarben, mit etwas lichteren Rippen.

Die 8—9 Umgänge sind gut gewölbt, nehmen langsam und regelmässig zu und werden durch eine tiefe Naht geschieden; der letzte ist unten gerundet und steigt vor der Mündung wenig oder kaum bemerkbar empor.

Die Sculptur besteht aus schiefen, leicht gebogenen, dünnen, scharfen, ziemlich hohen Rippen, welche auf den oberen Umgängen weitläufig und häufig etwas ungleichmässig sind, am letzten Umgange, besonders vor der Mündung dichter und schwächer werden.

Die rundeiförmige Mündung weicht unten deutlich zurück, der Mundsaum ist entweder einfach, dünn und scharf, schmal umgeschlagen und durch eine Schwiele verbunden oder verdoppelt; der Innensaum sodann dünn, ziemlich weit vorragend und vom Aussensaume durch eine Furche geschieden, verbunden oder zusammenhängend, der Aussensaum dünn und scharf, umgeschlagen, ausgebreitet, die Ränder getrennt. Das Spindelohr in beiden Fällen breiter als der übrige Mundsaum, scharf rechtwinkelig, vom vorletzten Umgange entfernt und leicht nach vorn gebogen.

$$L = 7\cdot 6, \quad B = 3\cdot 2, \quad M = 2\cdot 4 \, mm.$$

Fundort: Almissa.

Der Originalfundort dieser gegenwärtig allgemein verkannten Art ist Almissa an der Cetinamündung in Dalmatien, wo sie nach Pfeiffer's Angabe von Küster gesammelt wurde.

Clessin beschreibt dieselbe Form von Almissa unter der Bezeichnung *P. rugosus* n. sp. und vergleicht sie sehr richtig mit *P. martensianus* von Möllendorff.

Ein an Fundorten und Individuen sehr reiches Material ermöglichte es mir, das Verhältnis dieser ziemlich veränderlichen Art zu ähnlichen Formen Dalmatiens und der benachbarten Gebiete festzustellen.

P. gracilis Pfeiffer ist mit Rücksicht auf die Höhe und Form des Gewindes, Beschaffenheit der Sculptur und des Mundsaumes ziemlich veränderlich und tritt besonders an den Grenzen des Verbreitungsgebietes in mehr minder extrem entwickelten Formen auf, welche zum Theile als besondere Arten aufgefasst werden. Der Nachweis entsprechender Übergangsformen veranlasste mich, solche Arten als Varietäten des *P. gracilis* Pfeiffer aufzufassen.

Die typische Form dieser Art kenne ich von nachstehenden Fundorten: Almissa, Birany bei Spalato (einzelne Exemplare weisen ein kürzeres Gewinde und dichtere Sculptur auf), Felsen der Feste Clissa, Castelnuovo (Novi potorski), Morinj bei Cattaro und Montenegro (Exemplare der zwei letztgenannten Fundorte sind meist klein und bilden den Mundsaum häufig schon bei einer geringeren Zahl von Umgängen [7—8] als die typische Form). Bei Makarska, Promina, Knin und Strmica finden sich neben der typischen Form auch Exemplare mit weniger schlankem Gewinde und dichteren Rippen, welche Übergänge zur folgenden Varietät darstellen.

— var. **martensiana** Möllendorff.

Taf. VII, Fig. 72.

Pomatias martensianus Möllendorff, Fauna Bosniens, S. 57, T. 1, F. 17, 18, 1873.

Das Gehäuse weniger schlank, verlängert kegelförmig, mit breiterer Basis; die 8—9 etwas rasch zunehmenden sind mehr gewölbt, der letzte vor der Mündung mehr erweitert, deutlicher hinaufsteigend. Die noch immer scharfen Rippchen sind dichter und besonders auf den unteren Umgängen schwächer. Der meist deutlich verdoppelte Mundsaum kräftiger entwickelt, der Aussensaum breiter.

$$L = 7\cdot 3, \quad B = 3\cdot 2, \quad M = 2\cdot 5 \, mm.$$

Fundort: Lipeta-Gebirge, Hercegovina.

Originalexemplare des *P. martensianus* Möll. erhielt ich von Professor E. v. Martens, mit der Fundortsangabe »Lipeta-Gebirge, Hercegovina«; entsprechende, nur bezüglich der mehr minder dichten und kräftigen Sculptur einigermassen veränderliche Formen kenne ich ausserdem von nachbenannten Orten in Dalmatien: Insel Lesina (kleiner, mit nur 7 dicht rippenstreifigen Umgängen), Bilibrig bei Sign, Muć, Bilišane bei Obrovazzo (die oberen Umgänge mitunter etwas weitläufiger und kräftiger gerippt).

P. gracilis Pfeiffer var. *martensiana* Möll. findet sich vorzüglich im Innern Dalmatiens und den benachbarten Gebieten von Bosnien und der Hercegovina, während die typische Form in den entsprechenden Küstengebieten vorherrscht. Diese Varietät erscheint besonders aus dem Grunde bemerkenswerth, als durch sie der Zusammenhang der typischen Form des *P. gracilis* Pfeiffer mit der var. *croatica* Pfeiffer = *P. croaticus* Pfeiffer nachgewiesen erscheint.

— var. **croatica** L. Pfeiffer.

Taf. VII, Fig. 73 a, b.

Pomatias croaticus L. Pfeiffer, Novitat. conch. IV, p. 15, n. 686, t. 112, f. 14—16, 1870 (part).
» (*Auritus*) *banaticus* Westerlund, Fauna V, S. 124 (part).

Das Gehäuse kegelförmig bis verlängert kegelförmig mit breiterer Basis und kürzerem Gewinde, einfärbig gelblich bis bräunlich hornfarben oder schwach braun gebändert, indem meist nur ein kurzes Stück des untersten Bandes am letzten Umgange, seltener Andeutungen der oberen Fleckenbänder vorhanden sind, mit wenig lichteren Rippen und einer lichten bis weissen Zone um die Mündung, leicht glänzend bis matt (die oberen Umgänge frischer Exemplare erscheinen mit erhaltenem Thiere grauviolett bis dunkelrothbraun). Die 8—9 Umgänge nehmen rascher zu und sind etwas mehr gewölbt; der letzte ist unten gerundet oder undeutlich gekantet, vor der Mündung stärker erweitert und steigt höher hinauf.

Die Sculptur besteht aus ziemlich gleichartigen, dicht stehenden Rippenstreifen, welche am letzten Umgange schwächer und dichter werden, vor der Mündung in deutliche, sehr dichte Streifen übergehen. Die Rippchen und Streifen sind ferner niedriger, stumpfer, etwas schief und nur am letzten Umgange deutlicher gebogen.

Die rundeiförmige, innen licht bis dunkelbraun gefärbte Mündung, weicht unten weniger zurück. Der Mundsaum ist meist kräftig verdoppelt, der Innensaum weiss oder bräunlich gefärbt, stumpf, vorragend, verbunden oder zusammenhängend, der Aussensaum breiter und dicker. Das Spindelohr recht- bis stumpfwinkelig, häufig etwas abgerundet, vom vorletzten Umgange entfernt oder ziemlich entfernt.

$$L = 7, \quad B = 3\cdot 2, \quad M = 2\cdot 5\, mm.$$

Fundort: Perušić.

$$L = 7\cdot 4, \quad B = 3\cdot 3, \quad M = 2\cdot 6\, mm.$$

Fundort: Gospić.

Nach der Angabe L. Pfeiffer's ist diese Form ungefleckt und findet sich bei Perušić, in der Umgebung von Gospić (Trovera), am Berge Klek und bei Plitvice in Kroatien. In der Umgebung von Gospić und Perušić leben in der That nur ungefleckte Exemplare, welche auch mit Rücksicht auf die übrigen Merkmale vollkommen den Angaben des Autors entsprechen; am Berge Klek und in der Umgebung von Plitvice fand ich jedoch unter sehr zahlreichen Exemplaren den typischen *P. croaticus* Pfeiffer nicht mehr, sondern eine Form mit deutlichen, braunen Fleckenbändern, abweichender Sculptur und Beschaffenheit des Mundsaumes. Ich hielt dieselbe anfangs für eine neue Art, fand jedoch an zahlreichen anderen Orten auch schwach gefleckte Exemplare der typischen *P. croaticus* Pfeiffer neben ungefleckten und schliesslich alle wünschenswerthen Übergangsformen, welche die extreme Form von Plitvice mit dem einfärbigen *P. croaticus* Pfeiffer von Perušić und Gospić verbinden.

Unter der Bezeichnung *P. banaticus* Fagot mit der Fundortsangabe Velebith erhielt ich von Westerlund 6 Exemplare des *P. gracilis* Pfeiffer var. *croatica* Pfeiffer. Möglicherweise unterscheidet sich die Form aus dem Banat (falls sie wirklich existirt) auffallender von *P.* var. *croatica* Pfeiffer, im Velebith und bei Triest kommt sie aber nicht vor.

Das Verbreitungsgebiet des *P. gracilis* Pfeiffer var. *croatica* Pfeiffer in meiner Auffassung erstreckt sich über nachbenannte Orte in Südcroatien: Gospić, Perušić, Barilowicz, Povile, Visočica im Velebith, Sarica, Slunj (das Gehäuse schlank, stets einfärbig, die Sculptur dicht und fein), Ozalj (grösser, einfärbig, die Sculptur der oberen Umgänge kräftiger), Otočac, Kula bei Otočac, Svica bei Otočac, Zengg (das Gehäuse meist einfärbig, selten eine Andeutung der Fleckenbänden am letzten Umgang, das Gewinde etwas kürzer, die Sculptur der oberen Umgänge etwas weitläufiger und kräftiger, Übergangsformen zur var. *Reiteri* Boettger), Gračac, Udbina, Kuk bei Udbina, Mali Halan, Vakanski Vrh, Klek bei Ogulin (die Form und Sculptur typisch, oder letztere nur wenig weitläufiger, die Fleckenbänder am letzten Umgange häufig und deutlich, doch noch nicht constant).

Von *P. gracilis* Pfeiffer var. *martensiana* Möll. unterscheidet sich vorstehende Form durch ihr im Allgemeinen kürzeres Gewinde, dichtere, weniger scharfe Sculptur, den kräftiger verdoppelten Mundsaum mit breiterem Aussensaum und die häufig auftretenden Fleckenbänder; diese Unterschiede beruhen demnach nur auf der Steigerung oder Abschwächung einzelner, auch bei der — var. *martensiana* Möll. ziemlich veränderlichen Merkmale. Einzelne ungebänderte Exemplare der — var. *croatica* Pfeiffer sind mitunter von norddalmatinischen Exemplaren der — var. *martensiana* Möll. kaum zu unterscheiden, wie denn die Verbreitungsbezirke beider Formen derzeit nur durch ungenügend erforschte Gebiete geschieden werden, aber jedenfalls ohne bestimmte Grenzen in einander übergehen.

— var. **reitteri** Boettger.

Taf. VII, Fig. 74 a, b.

Pomatias Reitteri Boettger, Jahrbücher d. deutsch. malacozool. Gesellsch., S. 232, 233, 1880.

Das Gehäuse verlängert kegelförmig mit verhältnismässig sehr breiter Basis und kurzem, nach oben rasch verschmälertem Gewinde, einfärbig gelblich bis röthlich hornfarben, oder gebändert (gewöhnlich ist nur ein nahezu zusammenhängendes rothbraunes Band an der Basis des letzten Umganges vorhanden). Die 7—8 Umgänge nehmen rascher als bei — var. *croatica* Pfeiffer zu, der letzte ist gegen die Mündung zu stärker erweitert und steigt vorne höher hinauf. Die Sculptur besteht aus kräftigen, ziemlich dichten, wenig schiefen, kaum gebogenen Rippenstreifen, welche am letzten Umgange in dichtere, deutliche Streifen übergehen. Die nahezu kreisförmige Mündung ist innen lichtbraun gefärbt und weicht unten nur wenig zurück. Der Mundsaum ist meist kräftig verdoppelt; der Innensaum stumpf, ziemlich weit vorragend und zusammenhängend, der Aussensaum breit umgeschlagen, dick, weiss und etwas rinnenartig ausgehöhlt, indem der äusserste Rand schwach nach vorne gekrempt erscheint. Das Spindelohr ist wenig breiter, als der übrige Mundsaum, recht- bis spitzwinkelig, vom vorletzten Umgange entfernt, bis ziemlich entfernt.

$$L = 6\cdot 3, \quad B = 3\cdot 2, \quad M = 2\cdot 7\, mm.$$

Die Originalexemplare dieser Form, welche mir Dr. Boettger mit der Fundortsangabe »Grosse Kapella« übergab, sind ungebändert; auf der Kapella bei Jezerane und benachbarten Punkten Croatiens sammelte ich entsprechende, zum Theile jedoch gebänderte und mit Rücksicht auf Sculptur, Mundsaum und gedrungene Gestalt noch extremer entwickelte Exemplare.

Von *P.* — var. *croatica* Pfeiffer unterscheidet sich vorstehende Form durch die breitere Basis bei kürzerem Gewinde, kräftigere und weitläufigere Sculptur der oberen Umgänge, stärkere Erweiterung des letzten Umganges und den noch kräftiger verdoppelten Mundsaum.

Der Verbreitungsbezirk dieser Form erstreckt sich über nachbenannte Orte in Croatien: Kapella bei Jezerane, Bründl (Brinje), Zutalokva, Prokikve, Buljeva Lokva.

— var. **sturanii** n.

Taf. VIII, Fig. 75 a, b.

Das Gehäuse verlängert kegelförmig mit ziemlich dickem Gewinde, ziemlich glänzend, licht horngelb mit 2, auf dem letzten Umgange 3 braunen bis rothbraunen Fleckenbinden, welche aus annähernd viereckigen Flecken zusammengesetzt werden. (Die Fleckenbänder treten hier auch auf den oberen Umgängen auf, verschwinden jedoch mitunter bis auf die Basalbinde.)

Die 8 Umgänge sind gewölbt und werden durch eine ziemlich tiefe Naht geschieden, der letzte ist vor der Mündung erweitert und steigt vorne ziemlich hoch hinauf. Die Sculptur besteht aus dünnen niedrigen, auf den oberen Umgängen etwas weitläufigeren Rippenstreifen und Streifen, welche auf dem letzten Umgange in dichtere, mehr minder deutliche Streifen übergehen; die Rippchen und Streifen sind ferner wenig schief, leicht gebogen und mit Rücksicht auf Abstand und Stärke etwas ungleichmässig. Die rundeiförmige bis nahezu kreisförmige Mündung ist im Gaumen licht gelbbraun gefärbt und weicht unten sehr wenig zurück. Der Mundsaum ist verdoppelt bis kräftig verdoppelt; der Innensaum stumpf, ziemlich weit vorragend, der Aussensaum breit umgeschlagen, weiss, dick, etwas rinnenartig ausgehöhlt. Das Spindelohr etwas breiter als der übrige Aussensaum, recht bis spitzwinkelig, dem vorletzten Umgange etwas genähert.

$$L = 7\cdot 6, \quad B = 3\cdot 5, \quad M = 2\cdot 8\, mm.$$

Fundort: Plješevica-Gola bei Priboj.

P. — var. *sturanii* n. erscheint gegenüber den ähnlichen Formen des *P. gracilis* Pfr. insbesonders der var. *croatica* Pfeiff. und var. *reitteri* Boettger durch die intensiven auch auf den oberen Umgängen vorhandenen Fleckenbinden, die geringere Wölbung der Umgänge, schwächere weniger gleichmässige Sculptur und den etwas abweichenden gestalteten Mundsaum unterschieden (das Spindelohr dem vorletzten Umgange mehr genähert).

Der äusserlich ähnliche und ebenfalls gefleckte *P. tergestinus* Westerl. besitzt ein auffallend spitzigeres Gewinde mit kleinerem Apex, rascher zunehmende, stärker gewölbte Umgänge, viel stärkere und höhere Rippen und einen wesentlich anders gestalteten Mundsaum.

Ich erhielt diese Form zuerst durch Dr. Rudolf Sturany, welcher sie im Plješevica-Gebirge bei Priboj in Kroatien sammelte. (Plješevica-gola, Gola-Schutzhaus und Černa rjeka.) Entsprechende Exemplare fand ich ferner unter dem reichen Materiale, welches mir Professor S. Brusina übergab mit den Fundortsangaben Korenica und Jezero bei Korenica, ebenfalls im Plješevica-Gebirge.

— var. **stussineri** n.

Taf. VIII, Fig. 76 *a, b*.

Das Gehäuse verlängert kegelförmig bis thurmförmig, einfärbig röthlich hornfarben, im frischen Zustande mit zartem weissen Anfluge (frische Schalen haben daher, soweit das dunkle Thier reicht, eine ausgesprochen blaugraue Färbung), matt.

Die 8 Umgänge sind gut gewölbt und werden durch eine tiefe Naht geschieden; der letzte ist unten gerundet, vor der Mündung etwas erweitert und steigt vorne langsam und wenig hinauf. Die Sculptur besteht auf den oberen Umgängen aus sehr feinen, niedrigen, ziemlich weitläufigen Rippenstreifen und Streifen, welche unregelmässig alterniren und ungleich weit abstehen, am vorletzten Umgange gehen dieselben in dichtere Streifen über, welche am letzten Umgange nahezu verschwinden; die Rippchen und Streifen sind ferner ziemlich schief, leicht gebogen und mit dem Gehäuse gleichfärbig. Die rund-eiförmige bis nahezu kreisförmige Mündung ist im Gaumen hellbraun und weicht unten wenig zurück. Der Mundsaum ist einfach bis deutlich verdoppelt; der Innensaum, wenn vorhanden, dünn und stumpf, wenig oder gar nicht vorragend, durch eine zarte Schwiele verbunden, oder fast zusammenhängend, der Aussensaum ziemlich dünn und scharf, schmal umgeschlagen, flach. Das Spindelohr etwas breiter als der übrige Mundsaum, stumpf bis rechtwinkelig, vom vorletzten Umgange entfernt.

$L = 7$, $B = 3 \cdot 1$, $M = 2 \cdot 4\,mm$.

Fundort: Nanos.

Diese Varietät steht der einfärbigen Form der — var. *croatica* Pfeiffer sehr nahe, unterscheidet sich jedoch von derselben durch die schwächere und ungleichmässige Sculptur, dunklere Farbe und schwächer entwickelten Mundsaum. J. Stussiner sammelte dieselbe an nachstehenden Orten in Krain: Idrizathal, Vigaun, Berg Nanos, Berg Grintovc in den Sannthaler Alpen, Bela-Schlucht, Feistritzthal bei Stein und in der Iška-Schlucht am Krimberg bei Oberegg. (Exemplare des letztgenannten Fundortes weisen häufig eine etwas deutlichere Sculptur und stärker verdoppelten Mundsaum auf, bilden demnach eine Übergangsform zur — var. *croatica* Pfeiffer).

P. gracilis Pfeifer, var. *stussineri* A. J. Wagner weist aber auch eine auffallende Ähnlichkeit mit kleinen Exemplaren des *P. patulus* Drap. aus Südfrankreich auf und könnte unter Umständen auch als Varietät dieser westlichen Art aufgefasst werden; so bildet dieselbe ein Bindeglied zwischen den Formenreihen des *P. patulus* Drap. und *P. gracilis* Pfeiffer, welche dementsprechend in den Alpen wahrscheinlich ohne bestimmte Grenzen ineinander übergehen. (Weitere Übergangsformen leben vermuthlich noch in der Ostschweiz und den angrenzenden Theilen von Norditalien.)

Pomatias (Auritus) euboicus Westerlund.

Taf. VIII, Fig. 77 *a, b*.

Pomatias (Auritus) banaticus (Fagot) Westerlund var. *euboicus* Westerlund, Fauna V, S. 125.

Gehäuse: verlängert kegelförmig, durchscheinend, im frischen Zustande etwas glänzend, hornfarben mit lichterer Zone um die Mündung, weissen Rippen und einer schwachen aber constanten, aus zerstreuten braunen Flecken bestehenden Fleckenbinde entlang der Naht der oberen Umgänge. (Mitunter ist auch die Andeutung einer schwachen Basalbinde am letzten Umgange vorhanden.)

Die 7—8 Umgänge sind gewölbt, nehmen regelmässig zu und werden durch eine ziemlich tiefe Naht geschieden; der letzte ist unten mehr minder deutlich gekantet oder gerundet und steigt an der Mündung wenig oder gar nicht hinauf.

Die Sculptur besteht aus dünnen scharfen, ziemlich hohen Rippen und Rippchen, welche auf den oberen Umgängen ziemlich dicht, auf den mittleren Umgängen weitläufiger, aber stärker, auf dem letzten Umgange und besonders gegen die Mündung zu wieder dichter und zunehmend schwächer (mit zwischengelagerten, schliesslich vorwiegenden Rippenstreifen und Streifen) werden; die Rippen und Rippchen sind ferner wenig schief und kaum gebogen.

Die rundeiförmige oder nahezu kreisrunde Mündung weicht unten ziemlich weit zurück und ist im Gaumen gelblich gefärbt.

Der Mundsaum ist meist deutlich verdoppelt, der Innensaum dünn, aber vorragend, verbunden bis fast zusammenhängend, der Aussensaum dünn und scharf, schmal umgeschlagen, getrennt. Das Spindelohr breiter als der übrige Mundsaum, recht bis spitzwinkelig, vom vorletzten Umgange entfernt.

$$L = 8 \cdot 1, \quad B = 3 \cdot 6, \quad M = 2 \cdot 6 \, mm.$$

Fundort: Originalexemplar Westerlund's vom Mte. Delphi in Euboea.

Ich beurtheile diese Art nach vom Autor mitgetheilten Exemplaren vom M. Delphi in Euboea; zahlreiche Exemplare desselben Fundortes erhielt ich ausserdem von J. Stussiner und finde bei allen die schwache aber constante Fleckenzeichnung.

Unterstützende Merkmale zur Unterscheidung dieser Art von dem äusserlich sehr ähnlichen *P. gracilis* Pfeiffer bietet die hier im Allgemeinen kräftigere Sculptur, das schärfer gewinkelte Spindelohr und die geringere Wölbung der Umgänge.

Unter der Bezeichnung *P. banaticus* (Fagot) Westerl. wird, wie oben bemerkt, anscheinend keine einheitliche Art, sondern ähnliche Formen verschiedener Arten beschrieben; es ist mir aus diesem Grunde nicht möglich, das Verhältniss dieser Art zu *P. cuboicus* Westerl. festzustellen. *P. cuboicus* Westerl. steht zu *P. gracilis* Pfeiffer in einem analogen Verhältnisse, wie die ebenfalls gefleckten Formen des *P. elongatus* Paul. und *P. Adamii* Paul. zu *P. patulus* Drap.

Pomatias (Auritus) sospes Westerlund.

Taf. VIII, Fig. 78 *a, b*.

Pomatias sospes Westerlund, Jahrbücher d. deutsch. malacozool. Gesellsch. VI, S. 105, 1879; Fauna V, S. 129.

Gehäuse: klein, verlängert kegelförmig bis thurmförmig mit verhältnissmässig ziemlich dickem Gewinde; wenig glänzend, durchscheinend, röthlich hornfarben mit einer lichteren bis weisslichen Zone um die Mündung, einer aus schwachen braunen Flecken gebildeten Fleckenbinde entlang der Naht der oberen Umgänge und häufig auch einer schwachen Binde an der Basis des letzten Umganges.

Die 8 bis 9 Umgänge nehmen langsam zu, sind gut gewölbt und werden durch eine tiefe Naht geschieden; der letzte ist unten gerundet, gegen die Mündung zu etwas erweitert und steigt vorne im kurzen Bogen deutlich, aber nicht sehr hoch hinauf.

Die Sculptur besteht auf den oberen Umgängen aus ziemlich dichten Rippenstreifen, welche auf dem letzten Umgange noch dichter und schwächer werden und schliesslich in feine und dichte Streifen übergehen; die Rippchen und Streifen sind ferner wenig lichter als das Gehäuse, ziemlich schief und gebogen, etwas ungleichmässig, indem die Abstände nicht ganz gleich sind und vereinzelt stärkere Rippchen auftreten.

Die rundeiförmige bis nahezu kreisförmige Mündung weicht unten nur wenig zurück und ist innen gelblich gefärbt. Der Mundsaum ist einfach bis verdoppelt, der Innensaum kaum vorragend und durch eine Schwiele verbunden, der Aussensaum sehr schmal, kaum ausgebreitet, dünn, getrennt; das Spindelohr wenig breiter als der übrige Mundsaum, abgerundet stumpfwinkelig, vom vorletzten Umgange entfernt.

$L = 7 \cdot 1, \quad B = 3 \cdot 1, \quad M = 2 \cdot 3 \, mm.$

Fundort: Isoletto nel lago del Matese.

Meine Exemplare erhielt ich von Dr. Kobelt mit der Fundortsangabe »Isoletto nel lago del Matese« in den apuanischen Alpen.

P. sospes Westerl. unterscheidet sich von den verwandten Formen des *P. gualfinensis* de Stefani durch die deutlich stärkere Wölbung der Umgänge, schwächere und dichtere Sculptur, sowie die schwachen, aber (meinem Materiale nach) constanten Fleckenbinden; von den ebenfalls sehr nahe verwandten Formen des *P. elongatus* Paul. nur durch die schwächeren Fleckenbinden und die weniger gemischte, im Allgemeinen auch schwächere Sculptur. Das Verbreitungsgebiet dieser Art liegt nach Angabe der Autoren De Stefani, Westerlund und Paulucci in den apuanischen Alpen, fällt also mit demjenigen des *P. elongatus* Paul. zusammen. Es erscheint demnach die Vermuthung berechtigt, dass auch diese Art durch Übergänge mit *P. elongatus* Paul. verbunden sein dürfte und zur Formenreihe desselben gehöre.

Pomatias (Auritus) elongatus Paulucci.

Taf. VIII, Fig. 79 a. b.

Pomatias elongatus Paulucci, Bull. Soc. malacol. ital. V, p. 13, 1879.
» *turricula* Paulucci, Bull. Soc. malacol. ital. V, p. 14, 1879.
» *elegantissimum* Paulucci var. *uziellii* de Stefani, Bull. Soc. malacol. ital. V, p. 96, 1879.

Gehäuse: verlängert kegelförmig bis thurmförmig, gut durchscheinend, wenig glänzend bis matt, gelblich hornfarben mit 2, auf dem letzten Umgange 3 rothbraunen Fleckenbinden. Die 2 oberen Binden bestehen häufig aus winkelig gebrochenen, mit der Spitze der Mündung zugekehrten Striemen, oder je zwei übereinander stehende Flecken dieser Reihen verschmelzen zu schief radial gestellten Streifen, während das unterste Band meist zusammenhängend ist.

Die 9 bis 10 Umgänge nehmen langsam und regelmässig zu, sind gut gewölbt und werden durch eine tiefe Naht geschieden; der letzte ist unten gerundet, gegen die Mündung zu etwas erweitert und steigt vorne deutlich ein wenig hinauf.

Die dichte Sculptur ist gemischt und besteht aus unregelmässig weitläufigen Rippen und zwischenstehenden dichten (2 bis 4) Rippchen und Streifen: auf den oberen und dem letzten Umgange überwiegen die Streifen, so dass gegen die Mündung zu nur mehr Streifen die Sculptur bilden. Die Rippen und Streifen sind schief, deutlich S-förmig gebogen, dünn und ziemlich scharf. Die rundeiförmige Mündung ist innen gelblich oder licht bräunlich gefärbt und weicht unten ziemlich zurück. Der Mundsaum schwach bis deutlich verdoppelt; der Innensaum niedrig durch eine Schwiele verbunden, der Aussensaum dünn und scharf, schmal, kaum umgeschlagen, aber trichterförmig erweitert, aussen oben deutlich etwas vorgezogen. Das Spindelohr stumpfwinkelig, schmal, vom vorletzten Umgange entfernt.

$L = 8 \cdot 5, \quad B = 3 \cdot 4, \quad M = 2 \cdot 5 \, mm.$

Die mir von Dr. Kobelt zur Ansicht mitgetheilten Originalexemplare dieser Art stammen von den »Foci del Lucese«; vollkommen entsprechende Formen kenne ich ausserdem von Ponte Stazzemese, Romitorio del Lucese, Ponte Monsone und Castelnuovo.

Die Originalexemplare des *P. uziellii* de Stefani (von Castelnuovo) und des *P. turricula* Paul. (von Ponte Stazzemese), welche ich ebenfalls von Dr. Kobelt zur Ansicht erhielt, finde ich vollkommen mit einander übereinstimmend, aber auch von jenen des *P. elongatus* Paul. nur durch etwas rascher zunehmende Umgänge, deutlichere Erweiterung des letzten Umganges und intensivere Fleckenbänder unterschieden. Den Fundortsangaben der Autoren M. Paulucci und de Stefani, als auch meinem Materiale nach, leben alle diese Formen auch an den gleichen Orten nebeneinander (so bei Ponte Stazzemese, Monte forato und Romitorio del Lucese) und stellen meiner Ansicht nach nur individuell verschiedene Exemplare der gleichen Form dar.

— var. **elegantissima** Paulucci.

Taf. VIII, Fig. 80.

Pomatias elegantissimus Paulucci, Bull. Soc. malacol. ital. V, p. 14, 1879.

Das Gehäuse lichter gefärbt, grauweiss bis licht hornfarben, mit schwächeren Fleckenbinden. Die schwächere und dichtere Sculptur besteht hauptsächlich aus dichteren Rippenstreifen mit vereinzelten stärkeren Rippchen auf den mittleren Umgängen. Der Aussensaum und das Spindelohr des Mundsaumes sind meist noch schwächer als bei der typischen Form entwickelt.

$$L = 7.7, \quad B = 3.2, \quad M = 2.3\,mm.$$

Die mir vorliegenden Originalexemplare dieser Form vom Monte forato unterscheiden sich vorzüglich durch die dichtere und schwächere Sculptur von *P. elongatus* Paul., werden jedoch durch Umgänge mit dieser Art verbunden.

P. elongatus Paul. erscheint besonders durch seine gemischte Sculptur (dichte, schiefe und gebogene Rippen und Rippenstreifen), sowie die constanten und meist intensiven Fleckenbänder gekennzeichnet. Durch *P. sospes* Westerl. gliedert sich diese Art der Formenreihe des *P. gualfinensis* de Stef. an, bildet aber ebenfalls den Typus einer schlanken, meist kräftig gerippten und gefleckten Formenreihe, welche den *P. patulus* Drap. in Unteritalien vertritt.

Den bekannt gewordenen Fundorten zufolge erstreckt sich der Verbreitungsbezirk des *P. elongatus* Paul. nur über den nordwestlichen Apenin zwischen Lucca und Spezzia, doch lässt das Auftreten nahe stehender Formen in Calabrien vermuthen, dass ähnliche oder identische Formen auch in den benachbarten Gebieten leben.

Pomatias (Auritus) adamii Paulucci.

Taf. VIII, Fig. 81 *a, b*.

Pomatias scalariuus Adami, Moll. Catanzaro, nec Villa in Atti Soc. Veneto-Trentina sc. nat. Vol. 2. fasc. 1.
» *Adamii* Paulucci, Bull. Soc. malacol. ital. V, p. 17, 1879; Moll. Calabria, p. 188, t. 8, f. 7; t. 9, f. 1, 2.

Das Gehäuse verlängert kegelförmig bis thurmförmig, kaum glänzend bis matt, gelblich bis röthlich hornfarben, um die Mündung wenig lichter, mit zwei, auf dem letzten Umgange drei Reihen meist schwacher und weitläufiger brauner Flecken, welche mitunter zu schief radial gestellten Striemen zusammenfliessen (übereinander stehende Flecken zweier Reihen), selten ganz verschwinden.

Die 8—9 langsam und regelmässig zunehmenden Umgänge sind gut gewölbt und werden durch eine ziemlich tiefe Naht geschieden; der letzte ist unten gerundet oder schwach gekantet, gegen die Mündung zu etwas erweitert und steigt vorne deutlich, aber wenig hinauf.

Die Sculptur besteht aus scharfen, ziemlich erhobenen, dünnen und weisslich gefärbten Rippchen, welche auf den oberen Umgängen ziemlich weitläufig stehen, auf dem letzten Umgange dichter, aber nur wenig schwächer werden. Die Rippchen sind ausserdem schief, leicht gebogen und besonders auf den mittleren Umgängen bezüglich der Stärke und des Abstandes ungleichmässig.

Die rund-eiförmige oder nahezu kreisförmige Mündung weicht unten etwas zurück und ist im Gaumen hellbraun gefärbt. Der Mundsaum ist einfach bis schwach verdoppelt; der Innensaum dünn, durch eine zarte Schwiele verbunden, der Aussensaum dünn und scharf, sehr schmal umgeschlagen, getrennt. Das Spindelohr kaum breiter als der übrige Mundsaum, stumpfwinkelig und mehr minder abgerundet, vom vorletzten Umgange entfernt.

$$L = 8.8, \quad B = 3.4, \quad M = 2.6\,mm.$$

Originalexemplare vom Monte Stella.

Ich beurtheile diese Art nach Originalexemplaren, welche mir Dr. Kobelt mit der Fundortsangabe Mte. Stella in Calabrien übergab. Unter derselben Bezeichnung erhielt ich auch zahlreiche Exemplare aus der Umgebung von Tiriolo in Calabrien, welche zum Theile mit den erwähnten Originalexemplaren übereinstimmen, zum Theile aber auffallend kräftige und weitläufige Rippen, sowie einen deutlich verdoppelten Mundsaum aufweisen, und vielleicht von verschiedenen Fundorten aus der Umgebung von Tiriolo stammen.

— var. **rudis** M. Paulucci.

Taf. VIII, Fig. 82.

Pomatias Adamii Paulucci var. *rudis* Paulucci, Fauna malacol. T. 9, f. 2, 1880.

Das Gehäuse gelblich hornfarben, die kräftigeren Rippen höher und weitläufiger, der Mundsaum häufig verdoppelt.

$$L = 9, \quad B = 3\cdot4, \quad M = 2\cdot6\,mm.$$

Fundort: Tiriolo.

Diese Form lebt der Angabe nach in der Umgebung von Tiriolo neben der typischen Form und wird mit derselben durch Übergangsformen verbunden. Von dem auffallend ähnlichen *P. eupleurus* Westerl. unterscheidet sich *P. Adamii* Paul. — var. *rudis* Paul. vor Allem durch die schärferen und höheren Rippen, die Fleckenbänder und die Beschaffenheit des Mundsaumes (Spindelohr vom vorletzten Umgange mehr entfernt). Die typische Form dieser Art steht anderseits dem *P. clougatus* Paul. sehr nahe, unterscheidet sich aber meinem Materiale nach stets durch die kräftigere, weitläufigere und weniger gemischte Sculptur. Die von mehreren Autoren betonte Ähnlichkeit, ja Identität dieser Art mit *P. scalarinus* Villa, beruht nur auf der annähernden Übereinstimmung untergeordneter Merkmale, wie der Grösse, Form und Fleckenzeichnung; die Beschaffenheit des Mundsaumes (ungenabelt, der Spindelrand nach rückwärts umgeschlagen und die Gegend, wo bei *P. scalarinus* Villa der Nabel sich befindet, bedeckend) verweist *P. adamii* Paul. unbedingt in diese Section.

Das Verbreitungsgebiet dieser Art dürfte sich über ganz Unteritalien erstrecken.

e) Formenkreis *Neglecta* n.

Pomatias (Auritus) villae (Spinelli) De Betta.

Taf. VIII, Fig. 83; Taf. IX, Fig. 80.

Pomatias villae De Betta et Martinati, Catal. dei molluschi terr. ed fluviat. delle provincie. Venete 1855.

» *segnis* Westerlund, Fauna V, p. 131.

Gehäuse verlängert kegelförmig bis thurmförmig mit auffallend dünner und schlanker Spitze, gelblich bis röthlich hornfarben, mit einer lichteren Zone um die Mündung und drei deutlichen braunen Fleckenbinden; durchscheinend, wenig glänzend bis matt.

Die 9—10 Umgänge nehmen langsam und regelmässig zu, der letzte ist unten gerundet, gegen die Mündung zu erweitert und steigt vorne langsam, aber ziemlich hoch hinauf. Die Sculptur besteht aus hohen und scharfen, wenig schiefen, leicht gebogenen Rippen, welche auf den oberen Umgängen ziemlich weitläufig stehen, auf dem letzten Umgange dichter und etwas schwächer werden; die Rippen sind ferner gleichartig, stellenweise mit dem Gehäuse gleichfarbig, stellenweise leichter gefärbt.

Die kurzbirnförmige Mündung ist oben abgerundet gewinkelt und weicht unten etwas zurück. Der Mundsaum ist schwach bis deutlich verdoppelt; der Innensaum dünn, kaum vorragend, verbunden bis dick stumpf, deutlich vorragend und zusammenhängend; der Aussensaum schmal und scharf, gar nicht umgeschlagen, sondern etwas glockenförmig erweitert, an beiden Insertionen etwas verbreitert. Das Spindelohr deutlich breiter als der übrige Mundsaum, abgerundet stumpfwinkelig, vom vorletzten Umgange entfernt.

$$L = 11\cdot1, \quad B = 4\cdot7, \quad M = 3\cdot7\,mm.$$

Fundort: Mte. Berico bei Vicenza.

Ich beurtheile diese Art nach Exemplaren vom Originalfundorte Mte. Berico bei Vicenza; vollkommen entsprechende Exemplare kenne ich ausserdem aus den Euganeischen Hügeln bei Padua. Eine kleinere, sonst vollkommen übereinstimmende Form erhielt ich ferner mit Exemplaren des *P. septemspiralis* Razoum. var. *agardhi* Pini gemengt vom Mte. Baldo nördlich von Verona.

Weitere Fundortsangaben in meiner Sammlung lauten etwas allgemein »Venetien«, vermuthlich erstreckt sich aber das Verbreitungsgebiet dieser Art über die gebirgigen Theile des ehemaligen Venetien.

P. Villae De Betta ist der Typus eines in den südöstlichen Alpenländern weiter verbreiteten Formenkreises, welchem ausserdem *P. tergestinus* Westerl. und *P. waldemari* A. J. Wagner angehören.

Von dem im äusseren Habitus ziemlich ähnlichen *P. septemspiralis* Raz. unterscheidet sich vorstehende Art durch den auffallend dünnen Apex, den stets geschlossenen und durch den Spindelumschlag bedeckten Nabel und die bis zur Mündung kräftigere Sculptur; am Mte. Balde leben überdies beide Arten ohne Übergänge nebeneinander. Originalexemplare des *P. seguis* Westerl. sind von vorstehender Art nicht zu unterscheiden.

Pomatias (Auritus) tergestinus Westerlund.

Taf. VIII, Fig. 84; Taf. IX, Fig. 87.

Pomatias tergestinus Westerlund, Nachrichtsblatt d. deutsch. malacozool. Gesellsch., p. 109, 1878.
» (*tergestinus* Westerlund subsp.) *macrocheilus* Westerlund, Jahrb. d. deutsch. malacozool. Gesellsch., p. 100, 101, 1879.

Gehäuse verlängert kegelförmig bis thurmförmig, nach oben rasch verschmälert, mit dünnen Apex; licht hornfarben mit einer helleren bis weisslichen Zone um die Mündung und 2, auf dem letzten Umgange 3 oft undeutlichen und verschwommenen, rothbraunen Fleckenbinden.

Die 8—9 gut gewölbten Umgänge werden durch eine tiefe Naht geschieden; der letzte ist unten gerundet, gegen die Mündung zu rasch erweitert und steigt vorne beiläufig bis zu $1/_3$ Höhe des vorletzten Umganges hinauf.

Die Sculptur besteht auf den oberen Umgängen aus dünnen, scharfen, ziemlich hohen und weitläufigen Rippen, welche auf dem letzten Umgange in eine dichte Rippenstreifung übergehen, vor der Mündung nahezu verschwinden; die Rippen und Rippchen sind ferner wenig schief, kaum gebogen, mit dem Gehäuse gleichfärbig oder wenig lichter und gleichartig.

Die rund-eiförmige bis nahezu kreisförmige Mündung ist im Gaumen gelblich oder weiss und weicht unten deutlich ein wenig zurück.

Der Mundsaum ist entweder einfach, dann aber mit einer dicken milchweissen, die Mündung verengenden Schmelzablagerung versehen oder kräftig verdoppelt. Der Innensaum (wenn vorhanden) dick und stumpf, verbunden bis zusammenhängend, nach aussen und unten ziemlich vorragend; der Aussensaum ziemlich dick, am Rande scharf, getrennt, breit und nach rückwärts umgeschlagen, aussen abgerundet, an der Spindel stumpf- bis rechtwinkelig geöhrt.

Das Spindelohr vom vorletzten Umgange entfernt bis ziemlich entfernt.

Fundort: Triest.
$$L = 8 \cdot 4, \quad B = 3 \cdot 8, \quad M = 3 \cdot 2 \, mm.$$

Fundort: Rakek bei Adelsberg.
$$L = 9, \quad B = 4 \cdot 1, \quad M = 3 \cdot 4 \, mm.$$

Als Originalfundorte führt der Autor Adelsberg in Krain und die Umgebung von Triest an (die mir von Westerl. zur Ansicht überlassenen Exemplare stammen von Triest), ich kenne die Art aus dem südwestlichen Theile von Krain, den benachbarten Gebieten von Görz, Istrien und der Umgebung von Fiume.

An den westlichen Fundorten dieses Verbreitungsgebietes erscheint *P. tergestinus* Westerl.[1] wenig veränderlich; in Istrien (schon in der Umgebung von Triest) und der Umgebung von Fiume treten jedoch, besonders mit Rücksicht auf die Grösse, Färbung, Sculptur und Entwicklung des Mundsaumes mehr minder auffallende und constante Varietäten auf.

Unter der Bezeichnung *P. macrohilus* Westerl. vom Mte. Maggiore in Istrien erhielt ich vom Autor typische Exemplare des *P. tergestinus* Westerl., mit besonders kräftig entwickeltem Mundsaum (dicker

---

[1] Fundorte der typischen Form:
Wälder bei Rakek, Loitsch, Mokritza, Präwald bei Adelsberg, Laibach, Laas, Strasse von Podgora nach Babenfeld, Krainer Schneeberg, Idria, Haidenschaft, Berg Nanos, Umgebung von Triest, so bei Presnizza, Cosina, Opčina, Slavnik, Lipizza, ferner bei Clana, St. Canzian, am Mte. Maggiore bei Abbazia, Parenzo und Canfanaro.

die Mündung verengernder Schmelzablagerung und stark verdoppeltem Mundsaum), wie sie eben an den meisten Fundorten der typischen Form neben minder entwickelten Exemplaren vorkommen, als nur ein Entwicklungsstadium derselben darstellen.

Dementsprechend wären die Krainer und Istrianer Fundorte des *P. macrochilus = macroheilus* Westerl. auf *P. tergestinus* Westerl. zu beziehen. Die fragliche Art soll ausserdem in Dalmatien bei Spalato (unter vielen hundert Exemplaren aus dieser Gegend konnte ich nur *P. scalarinus* Villa und *P. gracilis* Pfeiffer entdecken), Italien und Griechenland vorkommen, erscheint aber nach dem Angeführten zweifelhaft.

— var. **tortiva** Westerlund.[1]

Taf. IX, Fig. 88.

Pomatias (Auritus) tortivus Westerlund. Fauna V, p. 124.

Das Gehäuse kleiner, die Rippen der oberen Umgänge durchschnittlich etwas niedriger und schwächer, die Fleckenbänder schwächer bis erloschen. Der Mundsaum dünn mit geringer oder fehlender Schmelzablagerung, kaum bis schwach verdoppelt, der Aussensaum schmal.

$L = 7$, $B = 3 \cdot 3$, $M = 2 \cdot 6$ mm.

Ich beurtheile diese Form ebenfalls nach vom Autor mitgetheilten Originalexemplaren vom Karst (vermuthlich aus der Umgebung von Fiume); dem zufolge sehe ich in derselben nur eine Varietät des *P. tergestinus* Westerl., welche überdies nur in extrem entwickelten Exemplaren deutlich von der typischen Form zu unterscheiden ist und auch räumlich in dieselbe übergeht. (In der Umgebung von Triest und an zahlreichen Orten in Istrien finden sich beide Formen nebst entsprechenden Übergangsformen nebeneinander.)

— var. **grahovana** Stossich i. litt.

Taf. IX, Fig. 89.

Das Gehäuse schlanker, weitläufiger und auffallend schwächer gerippt, bis nahezu glatt; die Fleckenbänder schwach bis erloschen, der Mundsaum meist verdoppelt, jedoch nicht verdickt, der Aussensaum schmal.

$L = 8 \cdot 8$, $B = 4$, $M = 3 \cdot 1$ mm.

Professor Adolfo Stossich übergab mir zahlreiche Exemplare dieser Form mit der Fundortsangabe Grahovo bei Fiume; dieselben zeichnen sich besonders durch ihre äusserst veränderliche Sculptur aus, welche alle Grade von nahezu typischen Verhältnissen bis zu einer schwachen, nur durch vereinzelte Rippchen unterbrochenen Streifung aufweist.

Von dem nächstverwandten *P. villae* De Betta unterscheidet sich vorstehende Art durch die schwächere Sculptur des letzten Umganges, rascher zunehmende Umgänge, mehr erweiterten und höher hinaufsteigenden letzten Umgang und besonders den breiteren, nach rückwärts umgeschlagenen Mundsaum mit deutlicher gewinkeltem Spindelohr.

P. tergestinus Westerl. wird gegenwärtig noch vielfach mit *P. septemspiralis* Razoum. verwechselt; letztgenannte Art ist durchbohrt, der Mundsaum trichterförmig erweitert, nicht umgeschlagen, der Spindelrand verschmälert inserirt, verengt den Nabel mitunter (bei der var. *heydeniana* Clessin), bedeckt ihn aber niemals. Beide Arten kommen vielfach ohne Übergänge nebeneinander vor.

Pomatias (Auritus) waldemari n. sp.

Taf. VIII, Fig. 85 *a, b*; Taf. IX, Fig. 90.

Gehäuse: kegelförmig bis verlängert kegelförmig mit breiter Basis, rasch nach oben verschmälertem Gewinde und dünnem kleinem Apex; graugelb bis licht hornfarben, mit einer lichten bis weissen Zone um die Mündung, stets ungebändert, durchscheinend, wenig glänzend bis matt.

[1] Fundorte des *P.* — var. *tortiva* Westerl.:
San Daniel am Karst, Borst, Opčina Karst und Trebič, Repen am Karst, Delnice, Fiumera-Schlucht bei Fiume, Giardino publico in Fiume, Zengg, Volosca, Lovrana, Lupoglava, Pisino in Istrien.

Die 9 bis 10 gut gewölbten Umgänge werden durch eine tiefe Naht geschieden; der letzte ist unten gerundet, gegen die Mündung zu bedeutend erweitert und steigt vorne rasch und hoch hinauf (bis zur Hälfte des vorletzten Umganges).

Die Sculptur besteht auf den oberen Umgängen aus wenig hohen, dünnen und ziemlich dichten Rippchen, welche auf den mittleren Umgängen weitläufiger, auf dem letzten Umgange rasch schwächer werden und vor der Mündung nahezu oder ganz verschwinden; die Rippchen und Streifen sind ferner mit dem Gehäuse gleichfarbig, etwas schief und schwach gebogen.

Die eiförmige Mündung ist im Gaumen milchweiss gefärbt, oben abgerundet ausgebuchtet und weicht unten nur wenig zurück.

Der Mundsaum ist entweder einfach, dann aber durch eine milchweisse Auflagerung verdickt, meist aber kräftig verdoppelt; der Innensaum stumpf, ziemlich weit vorragend, durch eine Schwiele verbunden oder zusammenhängend, der Aussensaum getrennt, ziemlich dick und breit, nur unten umgeschlagen, aussen jedoch auffallend vorgezogen, am Rande sogar nach innen gekrempt. Das Spindelohr abgerundet stumpfwinkelig, wenig breiter als der übrige Mundsaum vom vorletztem Umgange entfernt.

$$L = 7\cdot8, \quad B = 3\cdot6, \quad M = 3\cdot7 \; mm.$$

Fundort: Ogulin.

Das Verbreitungsgebiet dieser Art[1] erstreckt sich über den östlichen Theil von Krain und ganz Südkroatien mit Ausnahme der Küstengebiete.

In diesem Gebiete gehört *P. waldemari* A. J. Wagner zu den häufigsten Vorkommnissen des Genus und erscheint auch meinem an Exemplaren und Fundortsangaben sehr reichen Materiale nach sehr wenig veränderlich.

Von dem nächstverwandten und äusserlich sehr ähnlichen *P. tergestinus* Westerl. unterscheidet sich vorstehende Art durch die constante Abwesenheit der Fleckenbänder, die durchschnittlich schwächere Sculptur und vor Allem die constant verschieden gestaltete Beschaffenheit der Mündung und des Mundsaumes. (Die Mündung ist eiförmig mit einer abgerundeten Bucht nach oben und aussen zu, der Aussensaum aussen nicht umgeschlagen, sondern vorgezogen und nach innen gekrempt, also gerade umgekehrt wie bei *P. tergestinus* Westerl.): bei Podgora in Krain leben überdies beide Arten ohne Übergangsformen nebeneinander.

P. gracilis Pfeiffer — var. *croatica* Pfeiffer und — var. *Reitteri* Boettger sind bis zur Mündung dichter und feiner rippenstreifig, constant kleiner, mit dickerem Apex, weniger rasch verschmälertem Gewinde und ebenfalls anders beschaffenen Mündungsverhältnissen; beide Arten leben an zahlreichen Orten ohne Übergänge nebeneinander.

f) Formenkreis *Nana* n.

Pomatias (Auritus) nanus Westerlund.

Taf. IX. Fig. 91 *a*, *b*.

Pomatias nanus Westerlund, Jahrbücher d. deutsch. malacozool. Gesellsch. VI, S. 107, 1879.
» *Clessini* (Stossich) D. Hirc. Verhandl. d. k. k. zool.-botan. Gesellsch. Bd. XXX, S. 521, Jahrg. 1880.

Gehäuse: kegelförmig bis verlängert kegelförmig mit verhältnissmässig dickem Gewinde und stumpfem Apex; röthlich hornfarben, mehr minder milchig getrübt, im frischen Zustande überdies grau

---

[1] Fundort des *P. waldemari* A. J. Wagner:

a) In Krain: Unter-Skrill bei Gottschee, Weg von Hornberg nach Unter-Skrill, Mooswald bei Gottschee, Strasse von Baben feld nach Podgora, Krainer Schneeberg, Obergurk, Treffen, Waldpark des Bades Töplitz in Unter-Krain, Selo bei der Grotte, Rodokendorf, Treffen in der Doline Merusca, Ledenica-Grotte im Podlom-Wald bei Auersperg.

b) In Kroatien: Ogulin, Klek bei Ogulin, Lukvodol, Brod a. d. Kulpa, Kuželj bei Brod, Berg Bitoraj, Delnice, Drgomalj bei Delnice, Zvečaj, Čabar, Vrbovsko, Skrobotnik, Moravec, Brlog, Perušić, Zutalokva, Berg Risnjak, Ozalj. — Ich widme diese Art meinem Sohne Waldemar, dessen Dasein mein Leben mit Glück und Schaffensfreude erfüllte, während diese Arbeit entstand, mit der Vollendung derselben aber plötzlich erlosch.

bis graublau angelaufen und matt (Schalen mit erhaltenem dunklen Thier erscheinen daher ziemlich intensiv graublau), einfärbig oder mehr minder intensiv und ausgebreitet braun bis rothbraun gebändert. Die 2. auf dem letzten Umgange 3 Bänder, bestehen selten aus vollkommen getrennten, meisst aus verschwimmenden Flecken, oder dieselben sind zusammenhängend und besonders am letzten Umgange ziemlich breit.

Die 7—8 Umgänge sind gewölbt bis ziemlich gewölbt und werden durch eine ziemlich tiefe Naht geschieden; der letzte ist unten gerundet oder undeutlich und stumpf gekantet, gegen die Mündung zu erweitert und steigt vorne ziemlich rasch aber weniger als bis zu einem Drittel der Höhe des letzten Umganges hinauf.

Die Sculptur besteht aus dünnen und niedrigen Rippchen, welche auf den oberen Umgängen ziemlich dicht oder etwas weitläufig stehen, auf dem letzten Umgange und besonders gegen die Mündung zu in dichte und feine Streifen übergehen; die Rippchen und Streifen sind lichter bis weisslich gefärbt, schief und besonders auf den unteren Umgängen deutlich gebogen.

Die rund-eiförmige Mündung ist innen gelbbraun gefärbt und weicht unten deutlich zurück. Der Mundsaum ist schwach bis deutlich verdoppelt; der Innensaum wenig oder gar nicht vorragend, oft nur als milchweisse, die Mündung etwas verengernde Schwiele vorhanden, verbunden; der Aussensaum dünn und scharf, schmal bis breit umgeschlagen, trichterförmig ausgehöhlt, etwas genähert. Das Spindelohr ist breiter als der übrige Mundsaum, recht- bis spitzwinkelig, dem vorletzten Umgange sehr genähert, dicht angelegt oder mit demselben verbunden.

$$L = 7\cdot 5, \quad B = 3\cdot 5, \quad M = 2\cdot 7\, mm.$$

Originalexemplare des Autors.

$$L = 7\cdot 4, \quad B = 3\cdot 5, \quad M = 2\cdot 7\, mm.$$

Fundort: Berg Risnjak.

$$L = 7\cdot 4, \quad B = 3\cdot 8, \quad M = 3\, mm.$$

Fundort: Visočica im Velebith.

P. nanus Westerl. wird in der Originaldiagnose vom Autor als durchbohrt bezeichnet, dies ist jedoch nicht der Fall, denn die scheinbare Durchbohrung entsteht nur dadurch, dass das breite Spindelohr bei vollkommen entwickelten Exemplaren mit dem vorletzten Umgange verschmilzt; jüngere Gehäuse, wo das Spindelohr dem vorletzten Umgange nur genähert ist, sind ganz so beschaffen wie andere Formen dieser Section, d. h. dieselben sind ungenabelt, der Spindelrand des Aussenrandes ist plötzlich nach rückwärts umgeschlagen und bedeckt den Theil des Gehäuses, wo sonst der Nabel liegt vollkommen.

Die mir vom Autor übergebenen Originalexemplare stammen ohne nähere Fundortsangabe aus Croatien (ein bestimmter Fundort wird auch sonst vom Autor nirgends angeführt); dieselben erwiesen sich aber als vollkommen identisch mit den mir ebenfalls vorliegenden Originalexemplaren des *P. clessini* Hire vom Berge Risnjak in Croatien und dürften wohl auch daher stammen.

P. nanus Westerl. ist mit Rücksicht auf Färbung, Höhe des Gewindes, Dichtigkeit der Rippenstreifen und Entwicklung des Mundsaumes ziemlich veränderlich, doch leben solche mehr minder verschiedene Exemplare vielfach am gleichen Orte.

Bemerkenswerth ist auch, wie schon oben erwähnt, die auffallende Verschiedenheit der einzelnen Altersformen in Bezug auf die Gestaltung des Mundsaumes, da dieselbe bei ungenügendem Material leicht Veranlassung zur Aufstellung neuer Arten geben könnte. Jüngere Gehäuse besitzen nämlich ein deutliches, scharf gewinkeltes Spindelohr, welches dem vorletzten Umgange sehr genähert oder angelegt ist; bei solchen Exemplaren ist auch der für diese Section charakteristische Spindelumschlag deutlich sichtbar. Bei älteren Gehäusen verschmilzt das Spindelohr vollkommen mit dem vorletzten Umgange (Spindelohr und Spindelumschlag sind nun nicht mehr zu unterscheiden) und der Mundsaum gewinnt so eine auffallende Ähnlichkeit mit demjenigen von *P. henricae* Strobel.

Die typische Form dieser Art ist mir von nachstehenden Orten bekannt: Ursprung des Kulpaflusses bei Kupanje nächst Ossienitz, Unter-Skrill bei Gottschee, Krainer Schneeberg (in Krain), Berg Risnjak,

Delnice, Veliki Obruč bei Jelenje, Vakanski Vrh und Visočica im Velebith, Ostarja bei Gospić (in Kroatien).

var. dubia n.
Taf. IX, Fig. 92 a, b.

Das Gehäuse einfärbig gelblich bis röthlich horntarben ohne milchige Trübung, die Rippchen kräftiger und höher, das Gewinde schlanker, die Mündung durch den sehr verdickten und kräftig verdoppelten Mundsaum verengt; der Innensaum meisst stark vorragend, verbunden bis zusammenhängend, der Aussensaum, sehr breit und dick, das Spindelohr dem vorletzten Umgange meist nur genähert.

$$L = 8 \cdot 1, \quad B = 3 \cdot 6, \quad M = 3 \cdot 1 \, mm.$$

Diese besonders durch den ausserordentlich kräftigen Mundsaum auffallende Localform sammelte ich in sehr zahlreichen, auffallend übereinstimmenden Exemplaren auf den Abhängen des Metla bei Trnovac nächst Gospiš (auch dem Fundorte der *II. stenomphala* Menke).

— var. stossichi Hirc.
Taf. IX, Fig. 93 a, b.

Pomatias Stossichi Hirc, Verhandl. d. k. k. zool.-botan. Gesellsch. Bd. XXX, S. 322, Jahrg. 1880.

Das Gehäuse kleiner, kegelförmig mit breiterer Basis und kürzerem, rascher verschmälertem Gewinde, meist einfärbig horngrau bis hornbraun, mitunter mit sehr schwachen und verwaschenen Bändern an der Basis des letzten Umganges. Die 7 Umgänge sind mehr gewölbt und nehmen rascher zu, der letzte ist verhältnissmässig grösser und steigt vorne weniger oder gar nicht hinauf.

Die Sculptur ist dichter und schwächer, die Mündung verhältnissmässig grösser und mehr gerundet; der Mundsaum einfach bis schwach verdoppelt, dünn und schmal, das kleinere Spindelohr dem vorletzten Umgange angelegt oder mit demselben verschmolzen.

$$L = 6 \cdot 5, \quad B = 3 \cdot 3, \quad M = 2 \cdot 4 \, mm.$$

Ich beurtheile diese Form nach Exemplaren vom Fundorte Ponikve bei Buccari in Kroatien. Westerlund bezeichnet dieselben ebenfalls als genabelt und stellt sie in die Nähe von *P. henricae* Strobel; ich finde den Mundsaum zwar weniger ausgebreitet und verdickt, sonst aber vollkommen übereinstimmend und ebenso charakteristisch wie bei der typischen Form gestaltet; dementsprechend ist auch keine Durchbohrung vorhanden.

Das Verbreitungsgebiet des *P. nanus* Westerl. erstreckt sich über den südöstlichen Theil von Krain und Südkroatien; die bekannt gewordenen Fundorte liegen zumeist in ziemlich bedeutender Seehöhe (bis 1400 m).

Pomatias (Auritus) Klecaki Braun.
Taf. IX, Fig. 94 a, b.

Pomatias Klecaki Braun, Nachrichtsblatt d. deutsch. malacozool. Gesellsch., S. 110, 1887.

Gehäuse: verlängert kegelförmig mit breiter Basis, ziemlich dickem Gewinde und stumpfem Apex, einfärbig licht horngelb, glänzend, durchscheinend. Die 8 Umgänge sind gewölbt und werden durch eine ziemlich tiefe Naht geschieden; der letzte ist unten deutlich stumpfkantig, gegen die Mündung zu erweitert und steigt vorn ziemlich ziemlich rasch und hoch hinauf.

Die Sculptur besteht aus gleichartigen, etwas weitläufigen, stumpfen, aber ziemlich erhobenen Rippen, welche auf dem letzen Umgange dichter und schwächer werden; die Rippen sind ausserdem schief, schwach gebogen und lichter als das Gehäuse gefärbt.

Die nahezu kreisförmige Mündung ist senkrecht, innen hellbraun gefärbt. Der Mundsaum ist verdoppelt, der Innensaum vorragend, ziemlich scharf, verbunden bis zusammenhängend, der Aussensaum breit, etwas ausgehöhlt und am äussersten Rande etwas nach vorne gekrümpt, ziemlich dick, getrennt; das Spindelohr breiter als der übrige Mundsaum, abgerundet, nach vorne und oben gebogen, dem vorletzten Umgange genähert (in der Frontalansicht spitzwinkelig).

L = 7·4, B = 3·6, M = 3 mm.

Meine Exemplare erhielt ich von Dr. Boettger mit der Fundortsangabe »Insel Lesina in Süddalmatien«.

Von dem sehr ähnlichen und jedenfalls nächst verwandten *P. nanus* Westerl. unterscheidet sich vorstehende Art durch ihr einfärbig horngelbes, glänzendes Gehäuse, die kräftigere Sculptur, den stärker erweiterten, höher hinauf steigenden letzten Umgang und das anders geformte, dem vorletzten Umgange nur genäherte Spindelohr.

g) Formenkreis *Dalmatina* n.

Pomatias (Auritus) dalmatinus L. Pfeiffer.

Taf. IX, Fig. 95 *a, b*.

Pomatias dalmatinus L. Pfeiffer, Malacozool. Blätter, p. 36, 1863.
turritus Walderdorff in Verhandl. d. k. k. zool.-botan. Gesellsch., Bd. XIV, S. 511, Jahrg. 1864.

Gehäuse verlängert kegelförmig mit schlankem Gewinde und verhältnismässig dünnem Apex, einfärbig, grauweiss bis gelbgrau, milchig getrübt, schwach durchscheinend, matt (häufig mit einem grauen staubartigen Anfluge).

Die 10—11 Umgänge nehmen langsam und regelmässig zu, sind gewölbt und werden durch eine ziemlich tiefe Naht geschieden; der letzte ist unten deutlich stumpf gekantet, gegen die Mündung zu wenig erweitert und steigt vorne ziemlich rasch, aber wenig hinauf.

Die Sculptur ist gemischt und besteht auf den oberen Umgängen nur aus etwas weitläufigen, scharfen und ziemlich hohen Rippen; auf den mittleren und unteren Umgängen aus zunehmend weitläugeren Rippen mit zwischengelagerten (1—6) Rippenstreifen, so dass am letzten Umgange die Rippenstreifen überwiegend.

Die Rippen und Rippenstreifen sind ferner deutlich S-förmig gebogen, schief und auf den mittleren Umgängen am stärksten.

Die eiförmige bis rundeiförmige Mündung ist innen hellbraun gefärbt und weicht unten wenig oder gar nicht zurück.

Der Mundsaum ist verdoppelt, der Innensaum vorragend, dünn und scharf, vom Aussensaume durch eine Furche geschieden, verbunden; der Aussensaum dünn und scharf, schmal, bis sehr schmal umgeschlagen, getrennt. Das Spindelohr spitzwinkelig, breiter als der übrige Mundsaum und dem vorletzten Umgange genähert bis sehr genähert.

L = 13·8, B = 5·8, M = 4·4 mm.

Fundort: Mont. Falcone.

Ich beurtheile diese Art nach Exemplaren von den Originalfundorten Castelnuovo und Mont.Falcone bei Cattaro; eine vollkommen entsprechende Form erhielt ich ausserdem von Prof. S. Brusina mit der Fundortsangabe Dobrota bei Cattaro. Graf Walderdorff beschreibt seinen *P. turritus* von Mont. Falcone als gleichmässig gerippt, die entsprechenden Originalexemplare, welche sich im k. k. naturhistorischen Hofmuseum in Wien befinden, weisen jedoch eine deutlich gemischte Sculptur auf und sind auch sonst von Exemplaren als *P. dalmatinus* Pfeiffer aus dem unmittelbar benachbarten Castelnuovo nicht zu unterscheiden.

P. dalmatinus Pfeiffer gleicht nur äusserlich dem ebenfalls in der Umgebung von Cattaro lebenden *P. auritus* Rossm., unterscheidet sich jedoch von dieser Art vor Allem durch die Beschaffenheit des Deckels, welcher hier durchsichtig, dünn, biegsam und hornartig ist, wie bei den übrigen Arten dieser Section, bei *P. auritus* jedoch aus zwei durch Luftkammern geschiedenen, starren Kalkplatten besteht. *P. dalmatinus* Pfeiffer decollirt ausserdem meinem Materiale nach niemals.

Sectio **PLEUROPOMA** n.

Deckel: gelb bis braun mit weissen Kalkauflagerungen an der Vorderseite, ziemlich fest, wenig biegsam bis zerbrechlich. Die 4 Umgänge sind deutlich sichtbar und werden durch eine mehr minder erhobene, kalkartige Spiralseite geschieden; die Zuwachsstreifen bestehen ebenfalls aus lamellenartigen Kalkauflagerungen und verleihen dem Deckel ein geripptes Aussehen.

Gehäuse: ungenabelt, festschalig, milchig getrübt bis kalkweiss, mit und ohne Fleckenbänder. Der Mundsaum ist wie bei den Formen der Sect. *Auritus* Westerl. gestaltet, die Embryonalumgänge sind stets glatt und glänzend und werden wie die oberen Umgänge überhaupt häufig abgestossen.

Das Verbreitungsgebiet dieser Section erstreckt sich über die Küstengebiete von Albanien und Epirus, das Festland von Griechenland mit den benachbarten Inseln, entlang der Westküste und der Insel Euboea im Osten, die Umgebung von Syrakus auf Sicilien und einzelne Punkte in Calabrien.

Bemerkenswert erscheint das Auftreten von Formen dieser vorzüglich dem südlichen Balkangebiete angehörenden Section in Calabrien und Sicilien, welches zunächst doch wieder auf eine bestandene Landverbindung zwischen der Balkanhalbinsel und dem M. Gargano in Unteritalien hinweist.

Die *Pomatias*-Formen der Sect. *Auritus*, welche ebenfalls in beiden Gebieten vorkommen, weisen hüben und drüben einen wesentlichen verschiedenen Charakter auf und dürften erst nach erfolgter Trennung, von Norden aus eingewandert sein. Die auffallende Ähnlichkeit des *P. tesselatus* Rossm. von Corfu mit *P. Dionysi* Paul. aus Syrakus lässt aber, bei der Isolirtheit des sicilischen Vorkommens auf dem Boden einer uralten griechischen Colonie, welche lange Zeit in regem Verkehre mit dem Mutterlande blieb, auch auf eine zufällige Überführung einer griechischen Form denken.

Von den Kykladen und Sporaden, ebenso aus den im Norden und Osten des Ägeischen Meeres gelegenen Küstenländern ist mir bis jetzt kein *Pomatias* bekannt geworden. Diese Erscheinung weist darauf hin, dass diese Gebiete unter Umständen aus dem Zustande des Binnenlandes in dasjenige eines Küsten- und Inselgebietes traten, welche eine Besiedelung durch die Küsten liebenden *Pomatias*-Formen nicht mehr möglich machten.

a) Formenkreis *Tesselata* n.

Pomatias (Pleuropoma) tesselatus Rossmässler.

Taf. X, Fig. 96 *a, b*.

Cyclostoma tesselatum Rossmässler, Iconogr., sp. 404.
Pomatias tesselatus Kobelt, Iconogr. N. F. V, Nr. 908.

Gehäuse: kegelförmig bis verlängert kegelförmig mit ziemlich dickem, in der Seitenansicht geradem oder nur schwach convexem Gewinde; licht hornfarben, grauweiss bis kalkweiss, mit lichten bis weissen Rippen und 2, seltener 3 gelbbraunen Fleckenbinden auf den letzten Umgängen, durchscheinend bis nahezu undurchsichtig und matt.

Die 7—8 wenig bis ziemlich gewölbten Umgänge nehmen anfangs langsam und regelmässig, die 2 letzten rascher zu und werden durch eine wenig tiefe, aber deutlich eingesenkte Naht geschieden; der letzte ist unten meist etwas abgeflacht, mehr minder deutlich stumpfgekantet, gegen die Mündung zu erweitert und steigt vorne rasch und ziemlich hoch hinauf. Die ersten 2—3 Umgänge werden häufig abgestossen.

Die Sculptur besteht aus ziemlich kräftigen und erhobenen, wenig schiefen, schwach gebogenen Rippchen, welche auf den oberen Umgängen etwas schwächer sind und dichter stehen, sonst ziemlich weitläufig angeordnet und gleichartig sind. Die rundeiförmige Mündung ist nahezu senkrecht und im Gaumen gelbbraun gefärbt.

Der Mundsaum ist meist kräftig verdoppelt; der Innensaum ziemlich scharf und vorragend, verbunden bis zusammenhängend, der Aussensaum scharf und zerbrechlich, breit, flach umgeschlagen, aussen abgerundet geöhrt und dem vorletzten Umgange leicht angelegt, an der Spindel recht- bis spitzwinkelig geöhrt.

Das Spindelohr breiter als der übrige Mundsaum, vom vorletzten Umgange ziemlich entfernt, etwas nach vorne und hinauf gebogen.

$$L = 8·6, \quad B = 4·4, \quad M = 3·5\ mm.$$

Fundort: Corfu.

Ich gehe bei der Beurtheilung dieser Art von einer ziemlich kräftig und weitläufig gerippten Form aus, welche auf der Insel Corfu (dem Originalfundorte) vorherrschend auftritt und übereinstimmend als *P. tesselatus* (Wiegman) Rossm. aufgefasst wird. In den südwestlichen Küstenländern der Balkanhalbinsel leben ausserdem zahlreiche Formen dieses Genus, welche sich von *P. tesselatus* Rossm. oft recht auffallend durch Schwankungen bezüglich der Höhe und Form des Gewindes, die Zunahme und Wölbung der Umgänge, sowie die mehr minder dichte und kräftige Sculptur unterscheiden, in den wesentlichen Merkmalen jedoch sowohl untereinander, als mit der typischen Form von Corfu übereinstimmen. Die Veränderlichkeit der genannten Merkmale ist eine so grosse, dass nahezu jeder Fundort eine mehr minder abweichende Form aufweist, welche jedoch zumeist durch Überzüge mit einander verbunden werden, und dementsprechend als Localvarietäten zu betrachten sind.

Die Entstehung dieser zahlreichen Formen findet mit Beziehung auf die Geographie des Gebietes in der Isolirung einzelner Gebietstheile ihre Erklärung.

Die zuerst bekannt gewordene und dementsprechend als Typus aufgefasste Form des *P. tesselatus* Rossm. lebt auf Corfu; mit derselben vereinige ich eine nahezu vollkommen übereinstimmende, in einzelnen Exemplaren jedoch etwas dichter gerippte Form von Zalongo bei Nikopolis nächst Prevesa in Epirus, welche mir unter der Bezeichnung *P. excisus* Mouss. zukam.

Der Originalfundort des *P. excisus* Mouss. liegt bei Janina in Epirus, die dort lebende Form könnte wesentlicher von *P. tesselatus* Rossm. abweichen, gehört aber jedenfalls dem gleichen Formenkreise an.

— var. achaica Boettger.

Taf. X, Fig. 97.

Pomatias tesselatus Rossm var. *Achaica* Boettger, Nachrichtsblatt d. deutsch. malacozool. Gesellsch. XVII, p. 123.

Das Gehäuse meist einfärbig gelbweiss mit schlanker ausgezogenem, mehr thurmförmigem Gewinde, stärker gewölbten, durch tiefere Naht getrennten Umgängen, kräftigen und mehr erhobenen, auf den mittleren Umgängen nahezu flügelförmigen Rippen. (Die Zwischenräume einmal breiter als die Rippen.) Der Mundsaum kräftig verdoppelt, der Aussensaum breit bis sehr breit.

$$L = 9·6, \quad B = 4·6, \quad M = 3·5\ mm.$$

Fundort: Santameri.

Die mir vom Autor mitgetheilten Originalexemplare stammen von Santameri in Achaia, entsprechende, nur grössere Exemplare kenne ich von Philiatra in Messenien, wo auch eine Form der var. *grisea* Mousson lebt. Als weitere Fundorte führt Boettger Kalandritsa und Omblo bei Nezera in Achaia an.

var. coerulea n.

Taf. X, Fig. 98.

Das Gehäuse grösser, röthlich hornfarben, mit starker bläulicher Trübung und schwachen, aber nahezu zusammenhängenden gelben Spiralbändern auf den letzten Umgängen, leicht glänzend, aber kaum durchscheinend. Das Gewinde schlanker, die Umgänge mehr gewölbt und durch tiefere Naht geschieden. Die Sculptur besteht nur auf den oberen Umgängen aus dünnen, fadenförmigen und ziemlich weitläufigen Rippchen, übergeht auf den mittleren Umgängen in eine dichtere Rippenstreifung und verschwindet auf dem letzten Umgange nahezu gänzlich, dagegen tritt hier mitunter die Andeutung einer schwachen Spiralsculptur auf, wodurch der sonst nahezu glatte letzte Umgang ein leicht gegittertes oder gehämmertes Aussehen bekommt.

Der Mundsaum ist kräftig verdoppelt, der Aussensaum dünn und schmal, das Spindelohr vom vorletzten Umgange entfernt.

$$L = 10\cdot3, \quad B = 5, \quad M = 4\cdot1 \, mm \quad \text{(decollirt)}.$$

Fundort: Taygetos.

Ich erhielt diese Form von Robert Jetschin mit der Fundortsangabe »Tagyetos-Gebirge« in Morea, ferner ein entsprechendes, aber deutlicher geripptes Exemplar von J. Stussiner aus der Langada-Schlucht in Tagyetos.

— var. **athenarum** Saint-Simon.

Taf. X, Fig. 99.

Pomatias athenarum (Bourg.) Saint-Simon, Revue Magaz. Zool. XXI, p. 7, 1869.
» » Kobelt, Iconogr. N. F. Nr. 909.

Das Gehäuse gelblich hornfarben, schwach bläulich getrübt, mit sehr undeutlichen, fast erloschenen Fleckenbändern, verlängert kegelförmig bis thurmförmig.

Die 8—9 Umgänge sind mehr gewölbt und werden durch eine tiefe Naht geschieden; der letzte ist meist unten gerundet. Die Sculptur besteht aus dichten, feinen und gleichartigen Rippenstreifen, welche auf den oberen Umgängen wenig schärfer sind, auf dem letzten wenig schwächer und weitläufiger werden.

Der Mundsaum ist verdoppelt, der Aussensaum schmal, mit deutlichem aber wenig breiterem und vom vorletzten Umgange entferntem Spindelohr.

$$L = 9\cdot6, \quad B = 4\cdot9, \quad M = 3\cdot6 \, mm \quad \text{(decollirt)}.$$

Fundort: Livadia.

Meine Exemplare stammen aus Livadia in Böotien und vom Helikon; an letzterem Fundorte kommen auch Exemplare mit lang ausgezogenem, thurmförmigem Gewinde vor.

Von der nahe stehenden var. *coerulea* n. unterscheidet sich vorstehende Form durch das nur schwach bläulich getrübte Gehäuse und vor Allem die aus gleichartig feinen und dichten Rippenstreifen bestehende Sculptur.

— var. **grisea** Mousson.

Taf. X, Fig. 100.

Pomatias tesselatum Rossm. var. *grisea* Mousson, Coquilles terrestr. et fluv. Schläfli, Vierteljahrschrift d. Naturforsch. Gesellsch. in Zürich, 4. Jahrg. 1859, S. 36.
» *tesselatus* Rossm. var. *densestriata* Hesse, Jahrb. d. deutsch. malacozool. Gesellsch. IX. S. 335, 1882.
» » » » *Moussoni* Boettger, Jahrb. d. deutsch. malacozool. Gesellsch. X. S. 320, 1883.

Das Gehäuse kegelförmig bis verlängert kegelförmig, mit dickerem, in der Seitenansicht meist deutlich convexem Gewinde; die 7 bis 8 etwas rascher zunehmenden Umgänge sind schwächer gewölbt. Die Sculptur besteht aus feineren gleichartigen und auffallend dichteren Rippchen, die Fleckenbänder sind deutlicher und meist auch auf dem mittleren Umgängen sichtbar, der Mundsaum ist schmäler.

$$L = 9\cdot2, \quad B = 4\cdot6, \quad M = 3\cdot5 \, mm.$$

Fundort: Kephalonia.

Der Originalfundort dieser Varietät ist die Insel Kephalonia, entsprechende Formen kenne ich ausserdem von den Inseln Corfu, Zante, Megali Vrissi auf Santa Maura und Prevesa in Epirus.

Die — var. *Moussoni* Boettger gründet sich auf kleine Exemplare vorstehender Form; Exemplare der var. *densestriata* Hesse von der Insel Zante sind mitunter etwas grösser, die Sculptur derselben zuweilen etwas dichter, doch schwanken diese Merkmale in der gleichen Weise auch bei der Form von Kephalonia. Von den Inseln Paxo und Fano kenne ich Exemplare des *P. tesselatus* Rossm. mit schlankerem bis nahezu thurmförmigem Gewinde und geraden Seitenconturen, welche ich mit Rücksicht auf die Übereinstimmung der übrigen Merkmale auch noch der var. *grisea* Mouss. zuzähle.

Ähnliche Formen, jedoch mit leicht convexem Gewinde und mitunter dichteren und feineren Rippchen leben bei Philiatra in Mesenien und Misolonghi in Ätolien. Hieher dürfte ferner auch ein *Pomatias* von der

Insel Sapientsa nächst der Südküste Meseniens gehören, welches mir nur in einem Exemplare vorliegt; dasselbe ist klein, mit verlängert kegelförmigen Gehäuse und schlank ausgezogenem Gewinde; die Sculptur besteht auf den oberen Umgängen aus feinen, etwas weitläufigen Rippchen und geht auf den zwei letzten Umgängen in eine dichte und feine Rippenstreifung über. Der Mundsaum ist verdoppelt, der Aussensaum breit und etwas ausgehöhlt.

P. tesselatus Rossm. — var. *grisea* Mouss. könnte mit Rücksicht auf die weite Verbreitung entlang der ganzen Westküste Griechenlands im Gegensatze zum historischen Typus von Corfu, welcher nur von wenigen Punkten bekannt ist, als Stammform dieser Formenreihe betrachtet werden.

Pomatias (Pleuropoma) dionysi Paulucci.

Taf. X, Fig. 101 a, b.

Pomatias Dionysi Paulucci, Bull. Soc. malacol. ital. V, p. 19, 1879.

Gehäuse: kegelförmig mit verhältnissmässig breiter Basis, rasch verschmälertem Gewinde und geraden Seiten; gelblichweiss mit drei ziemlich intensiven braunen Fleckenbinden, welche schon auf den mittleren Umgängen beginnen, leicht glänzend bis matt, ziemlich durchscheinend. Das oberste Band an der Naht besteht aus viereckigen, etwas schiefen und der Streifung entgegengesetzt gerichteten Flecken, das mittlere aus schmalen Flecken, das unterste ist nur am letzten Umgange sichtbar und erscheint oft nahezu zusammenhängend.

Die 7—8 Umgänge nehmen regelmässig, aber verhältnissmässig rasch zu, sind gut gewölbt und werden durch eine tiefe Naht geschieden; der letzte ist unten gerundet oder undeutlich gekantet, gegen die Mündung zu erweitert und steigt vorne ziemlich rasch und hoch hinauf.

Die Sculptur besteht aus weisslichen, ziemlich schiefen, leicht gebogenen, scharfen und erhobenen Rippen, welche überall ziemlich dicht stehen (die Zwischenräume sind einmal breiter als die Rippen), dabei bis zur Mündung nahezu gleich stark sind.

Die rund-eiförmige Mündung ist senkrecht und im Gaumen weisslich gefärbt.

Der Mundsaum verdoppelt, der Innensaum ziemlich vorragend, verbunden bis zusammenhängend, der Aussensaum ziemlich breit umgeschlagen, dünn und scharf, etwas ausgehöhlt und an beiden Insertionen geöhrt; das Aussenohr abgerundet, dem vorletzten Umgange theilweise angelegt, das Spindelohr rechtbis spitzwinkelig, breiter als der übrige Mundsaum, etwas hinaufgebogen, aber vom vorletzten Umgange entfernt.

$$L = 8 \cdot 7, \quad B = 4 \cdot 4, \quad M = 3 \cdot 5 \, mm.$$

Fundort: Orecchio di Dionysio bei Syrakus.

P. dionysi Paul. ist bis jetzt nur aus der Umgebung von Syrakus bekannt geworden; von dem nächstverwandten *P. tesselatus* Rossm. aus Corfu unterscheidet sich vorstehende Art nur durch die stärkere Wölbung der Umgänge, die schärferen, mehr schiefen und deutlicher gebogenen Rippen, sowie die intensive Fleckenzeichnung.

Pomatias (Pleuropoma) corcyrensis Westerlund.

Taf. X, Fig. 102 a, b.

Pomatias (Auritus) corcyrensis Westerlund, Fauna V, p. 120.

Gehäuse: kegelförmig mit dickem Gewinde, aber rasch verschmälertem Apex und deutlich convexen Seiten, grauweiss bis licht rothbraun mit weissen Rippen und drei mehr minder deutlichen gelbbraunen Fleckenbändern, schwach durchscheinend bis undurchsichtig und matt.

Die 8 Umgänge nehmen anfangs langsam, vom vierten aber rascher zu, sind sehr wenig gewölbt oder nahezu flach, an der Naht des vorletzten Umganges etwas kantig und werden durch eine sehr seichte Naht geschieden; der letzte ist kaum breiter als der vorletzte, unten gerundet oder nur undeutlich gekantet, und steigt vorne rasch und ziemlich hoch hinauf. Die ersten Umgänge werden häufig abgestossen.

Die Sculptur besteht aus wenig schiefen, kaum gebogenen, kräftigen Rippen, welche an der Naht der unteren Umgänge knotenartig anschwellen, überall gleichartig sind und ziemlich dicht stehen. (Die Zwischenräume sind auf den oberen und unteren Umgängen wenig breiter als die Rippen und werden nur am letzten Umgange breiter.

Die rund-eiförmige Mündung ist nahezu senkrecht und im Gaumen gelbbraun gefärbt. Der Mundsaum ist innen durch eine milchweisse Auflagerung lippenartig verdickt oder deutlich verdoppelt, der Innensaum sodann etwas vorragend und zusammenhängend, der Aussensaum breit umgeschlagen, etwas ausgehöhlt, an beiden Insertionen geöhrt. Das Aussenrohr vom vorletzten Umgange abstehend, das Spindelohr recht- bis stumpfwinkelig, etwas nach vorne gebogen, vom vorletzten Umgange ziemlich entfernt.

$$L = 10, \quad B = 5 \cdot 2, \quad M = 4 \, mm \quad \text{(decollirt)}.$$

Fundort: Corfu.

Der Originalfundort dieser Art ist Skripero auf Corfu, vollkommen übereinstimmende Exemplare erhielt ich von Dr. Boettger mit der Fundortsangabe »Village Kukalio bei Prevesa in Epirus«.

Von *P. tesselatus* Rossm. unterscheidet sich vorstehende Art zunächst durch ihre constant schwach gewölbten, rascher zunehmenden Umgänge und die eigenthümliche Sculptur. Der nächst verwandte *P. hellenicus* Saint-Simon besitzt ein mehr verlängertes, schlankeres Gewinde, weniger rasch und von der Spitze an gleichmässig zunehmende Umgänge und eine viel schwächere und dichtere Sculptur.

Pomatias (Pleuropoma) hellenicus Bourguignat.

Taf. X, Fig. 103.

Pomatias hellenicus (Bourg.) Saint-Simon, Revue Magaz. Zool. XXI, 1869.

Gehäuse: verlängert kegelförmig bis thurmförmig mit regelmässig verschmälertem Gewinde geraden Seiten und verhältnissmässig dünnem Apex, licht hornfarben bis weissgelb, einfärbig oder sehr schwach und verwaschen gebändert, leicht glänzend bis matt.

Die 8 Umgänge nehmen langsam und regelmässig zu, sind sehr wenig gewölbt bis nahezu flach und werden durch eine seichte, leicht eingedrückte Naht geschieden; der letzte ist unten gerundet oder leicht abgeflacht, aber nicht gekantet, gegen die Mündung zu erweitert und steigt vorne rasch und ziemlich hoch hinauf.

Die obersten Umgänge werden häufig abgestossen. Die Sculptur besteht aus wenig schiefen, am letzten Umgange leicht S-förmig gebogen, überall gleichartigen, feinen und dichten Rippenstreifen.

Die rundeiförmige Mündung ist senkrecht, im Gaumen gelblich gefärbt.

Der Mundsaum ist verdoppelt; der Innensaum vorragend und zusammenhängend, der Aussensaum ziemlich breit umgeschlagen, an beiden Insertionen geöhrt. Das Aussenohr abgerundet und dem vorletzten Umgange leicht angelegt, das Spindelohr recht- bis stumpfwinkelig vom vorletzten Umgange entfernt.

$$L = 11 \cdot 3, \quad B = 5 \cdot 2, \quad M = 4 \, mm \quad \text{(decollirt)}.$$

Fundort: Agoriani im phokischen Parnassos.

Meine Exemplare erhielt ich von Robert Jetschin mit der Fundortsangabe Agoriani im phokischen Parnassos.

— var. **maxima** n.

Das Gehäuse grösser (die grösste Form des Genus aus dem griechischen Faunengebiete), weitläufiger und kräftiger gerippt, deutlich und mitunter intensiv gebändert; die Umgänge etwas deutlicher gewölbt, das Spindelohr breiter vorgezogen und schärfer gewinkelt.

$$L = 12, \quad B = 5 \cdot 5, \quad M = 4 \, mm.$$

Ich kenne diese Form von Divri in Elis, Nezera in Achaia und Stemnitza in Argolis; anscheinend vertritt dieselbe also den Typus auf der Halbinsel Morea. Eine sehr ähnliche, jedoch deutlich stärker gewölbte und etwas kleinere Form erhielt ich ferner mit der Fundortsangabe Euböa.

P. hellenicus Saint-Simon scheint vorzüglich in den östlichen Gebieten Griechenlands verbreitet zu sein; von den Formen des *P. tesselatus* Rossm. unterscheidet sich diese Art lediglich durch die im Allgemeinen bedeutenderen Dimensionen und die auffallend geringe Wölbung der Umgänge.

Pomatias (Pleuropoma) westerlundi Paulucci.

Taf. X, Fig. 104 *a, b*.

Pomatias Westerlundi Paul., Bull. Soc. malacol. ital. V, p. 20, 1879.

Gehäuse verlängert kegelförmig mit verhältnismässig schmaler Basis, lang ausgezogenem Gewinde (die Seiten des Gewindes sind im oberen Theile etwas concav, im unteren deutlich convex) und dünnem kleinem Apex; gelbweiss mit schwachen Fleckenbändern, durchscheinend, etwas glänzend.

Die 9 Umgänge nehmen anfangs sehr langsam und regelmässig, vom 6. an rascher zu, sind schwach gewölbt und werden durch eine seichte Naht geschieden; der letzte ist unten etwas abgeflacht und undeutlich gekantet, gegen die Mündung zu wenig erweitert und steigt vorne langsam und wenig hinauf.

Die Sculptur besteht aus dünnen, ziemlich erhobenen, weisslichen Rippen, welche auf den oberen Umgängen dicht angeordnet sind (die Zwischenräume sind wenig breiter als die Rippen), auf dem letzten Umgange niedriger und weitläufiger werden; die Rippen sind ferner wenig schief, auf den oberen Umgängen nahezu senkrecht und kaum gebogen. Auf dem letzten Umgange ist die Andeutung einer schwachen Spiralsculptur vorhanden. Die rundeiförmige Mündung ist senkrecht, im Gaumen gelbbraun gefärbt.

Der Mundsaum ist verdoppelt, der Innensaum kaum vorragend, verbunden, der Aussensaum schmal umgeschlagen, dünn und zerbrechlich, an der Spindel stumpfwinkelig geöhrt, das Ohr kaum breiter als der übrige Mundsaum, vom vorletzten Umgange entfernt.

$$L = 11\cdot 8, \quad B = 5, \quad M = 3\cdot 6\, mm.$$

Ich beurtheile diese Art nach Exemplaren vom Mte. Consolino in Calabrien, welche mir Dr. Kobelt zur Ansicht übergab; dieselbe ist ausserdem nur an wenigen Punkten Calabriens gefunden worden und steht den griechischen Formen der Section ebenfalls sehr nahe, unterscheidet sich aber bestimmter durch die eigenthümliche Form des Gewindes, in Verbindung mit der Beschaffenheit der Sculptur und des Mundsaumes.

Unter der Bezeichnung *P. cretensis* Maltzan von Spakia in Kreta erhielt ich von Dr. Kobelt ein einziges todtgesammeltes und verblichenes Exemplar dieses Genus zur Ansicht, welches weder mit den griechischen, noch sonst mir bekannten *Pomatias*-Formen eine nähere Verwandtschaft aufweist.

P. cretensis Maltzan ist jedenfalls eine neue Art, vermuthlich auch der erste Vertreter einer neuen Section; nach dem mir vorliegenden, wie erwähnt unvollkommenen Exemplare, ist es mir jedoch nicht möglich, eine allgemein zutreffende Beschreibung dieser Form zu geben.

Sectio TITANOPOMA n.

Merkmale und Verbreitung des *Pomatias (Titanopoma) auritus* Rossm.

Pomatias (Titanopoma) auritus Rossmässler.

Taf. X, Fig. 105 *a, b*, Fig. 109 *a, b, c*.

Pomatias Ischernagoricus Letourneux, Bull. Soc. malacol. Fr., p. 200, 1885.
» *callistoma* Letourneux, Bull. Soc. malacol. Fr., p. 201, 1885.

Deckel: dick, undurchsichtig, kalkweiss und sehr zerbrechlich, anscheinend aus zwei durch Luftkammern getrennten Platten bestehend, mit vier deutlich sichtbaren, durch eine Furche getrennten Windungen und centralem, etwas vertieftem Nucleus.

Die untere Platte des Deckels ist hornartig, gelblich gefärbt und durchsichtig; dieselbe besteht aus zwei dicht aneinander liegenden Membranen und entspricht dem einfachen Deckel der übrigen *Pomatias*-Formen; an der Vorderseite dieser hornartigen Platte befindet sich hier eine aus Kalkauflagerungen gebildete, erhobene Spiralseite, aus welcher in der früher beschriebenen Weise (s. Merkmale des Genus) die oberste, spröde und durch Luftkammern getrennte Platte gebildet wird.

Gehäuse: kegelförmig bis verlängert kegelförmig, mit breiter Basis, rasch verschmälertem, in der Profilansicht leicht concavem Gewinde und dünnem kleinen Apex, welcher häufig abgestossen wird; einfarbig horngrau oder hornbraun, matt, gut durchscheinend, ziemlich dünnschalig und zerbrechlich.

Die 8—9 gut gewölbten Umgänge werden durch eine tiefe Naht geschieden und nehmen anfangs langsam, vom fünften oder sechsten Umgange an rascher zu, der letzte Umgang ist sogar auffallend erweitert, unten gerundet, steigt jedoch vorne nur langsam und kaum zu einem Drittel Höhe des vorletzten Umganges hinauf.

Die Sculptur ist gemischt und besteht aus kräftigen, nahezu flügelförmigen, weitläufigen bis zerstreuten Rippen und dichten, zwischengelagerten Rippenstreifen.

Die Rippen und Rippenstreifen sind ferner schief, leicht gebogen, etwas lichter gefärbt und meist derartig vertheilt, dass auf den oberen Umgängen Rippen und Rippenstreifen ziemlich unregelmässig, häufig aber in der Weise alterniren, dass zwischen je zwei Rippen 1—6 Rippenstreifen stehen; auf dem vorletzten Umgange werden die Rippen schwächer und weitläufiger, um auf dem letzten Umgange meist vollkommen in der Rippenstreifung aufzugehen.

Die kurz-birnförmige bis rund-eiförmige Mündung ist verhältnissmässig gross, weicht unten wenig oder gar nicht zurück und ist im Gaumen weisslich gefärbt. Der Mundsaum ist entweder einfach und durch eine milchweisse lippenartige Auflagerung verdickt oder verdoppelt; der Innensaum sodann dünn, unten kaum vorragend und durch eine Schwiele verbunden; der Aussensaum stets breit umgeschlagen, dünn, scharf und zerbrechlich, etwas ausgehöhlt, aussen sogar ziemlich stark vorgezogen und vor beiden Insertionen geöhrt. Das Spindelohr breiter als der Mundsaum, recht- bis spitzwinkelig, nach vorne und hinauf gebogen, vom vorletzten Umgange entfernt, das Aussenohr abgerundet, nach vorne gebogen, vom vorletzten Umgange abstehend.

$$L = 12, \quad B = 5·8, \quad M = 4·0 \; mm.$$

Fundort: Cattaro.

Die typische Form dieser Art lebt in der Umgebung von Cattaro in Süddalmatien und erscheint vorzüglich mit Rücksicht auf die Sculptur (Alterniren der Rippen und Rippenstreifen), weniger auf die Grösse, Zunahme und Höhe der Umgänge, Entwicklung des Mundsaumes veränderlich.

Die Veränderlichkeit der Sculptur ist so gross, dass man selbst auf eng begrenztem Fundorte nur wenige vollkommen übereinstimmende Exemplare antrifft; dieselbe kann hier also nur dann als unterscheidendes, aber jedenfalls untergeordnetes Merkmal aufgefasst werden, wenn zahlreiche Exemplare eines Fundortes annähernd übereinstimmende Verhältnisse aufweisen; dementsprechend fasse ich die Vorkommnisse aus der näheren Umgebung von Cattaro durchwegs als typisch auf.

— var. **meridionalis** Boettger.

Jahrbücher d. deutsch. malacozool. Gesellsch. 1880.

Taf. X. Fig. 106.

Pomatias regularis Letourneux, Bull. Soc. malac. Fr., p. 202.

Das Gehäuse verlängert kegelförmig mit langsamer verschmälertem, in der Seitenansicht geradem Gewinde. Die Umgänge sind weniger gewölbt, nehmen langsamer zu und werden durch eine seichtere Naht geschieden. Die Sculptur ist nur auf den oberen Umgängen wie bei der typischen Form gemischt, auf den 2—3 letzten Umgängen jedoch gleichartig, und besteht daselbst nur aus dichten Rippenstreifen.

$$L = 11·8, \quad B = 5·8, \quad M = 4·7 \; mm.$$

Boettger führt diese Form aus Spica an; ich fand entsprechende Exemplare unter meinem Materiale aus der Landschaft Canali südlich von Ragusa in Süddalmatien. Auch *P. auritus* Rossm. var. *meridionalis* Boettger ist sehr veränderlich und durch zahlreiche Umgänge mit der typischen Form und der folgenden Varietät verbunden.

— var. **panleia** Letourneux.

Taf. X, Fig. 107.

Pomatias panleius Letourneux, Bull. Soc. malacol. Fr., p. 203, 1885.

Das Gehäuse glänzend, licht hornfarben mit feinen Streifen und vereinzelten spärlichen Rippen auf den oberen Umgängen oder nahezu glatt.

$L = 10\cdot5$, $B = 5\cdot5$, $M = 4\cdot1\,mm$.

Meine Exemplare stammen vom Snježnica-Berge in der Landschaft Canali; dieselben entsprechen bis auf die obsolete Sculptur in allen wesentlichen Merkmalen dem *P. auritus* Rossm. und stellen meiner Ansicht nach nur eine extrem entwickelte Localvarietät desselben dar.

— var. **montenegrina** n.

Das Gehäuse kegelförmig mit sehr rasch verschmälertem Gewinde, röthlich hornfarben (die oberen Umgänge mit Thier violetbraun und bläulich angelaufen), die 7—8 stärker gewölbten Umgänge nehmen rascher zu, der letzte ist auffallend erweitert. Die Sculptur wie beim Typus gemischt, die Rippen und Rippenstreifen dünner, jedoch deutlich schärfer.

$L = 10$, $B = 5\cdot8$, $M = 4\cdot3\,mm$ (decollirt).

Prof. S. Brusina übergab mir diese Form in zahlreichen, übereinstimmenden Exemplaren mit der Fundortsangabe Cetinje in Montenegro.

Das Verbreitungsgebiet des *P. auritus* Rossm. erstreckt sich meinem Materiale nach über die Küstengebirge Süddalmatiens und Montenegros von Ragusa bis Antivari.

Index

(Synonyme und nur mit Namen angeführte Arten sind mit gewöhnlicher Schrift gedruckt.)

	Seite			Seite
Atlantica n.	38 [602]	Pomatias atlanticus Bourg.		38 [602]
Auritus Westerl.	34 [598]	» » var. pechaudi Bourg.		39 [603]
Cinerascens n.	11 [575]	» attivanicus (Fagot) Westerl.		40 [604]
Cisalpina n.	36 [600]	» auritus Rossm.		62 [626]
Cyclostoma fimbriatum Held	23 [587]	» » var. meridionalis Boettger		63 [627]
» *maculatum* Drap.	16 [580]	» » » panleia Letourn.		64 [628]
» *striolatum* R. A. Phil.	29 [593]	» » » montenegrina n.		64 [628]
» *turriculatum* R. A. Phil.	29 [593]	» *banaticus* (Fagot) Westerl.		43 [607]
Dalmatina n.	56 [620]	» *beloiri* Letourn.		32 [596]
Difficilis n.	39 [603]	» beriloni Fagot		23 [587]
Eupomatias n.	7 [571]	» » var. kobelti n.		24 [588]
Insubrica n.	20 [584]	» *blaucianus* Westerl.		29 [593]
Nana n.	53 [617]	» *boettgeri* Westerl.		29 [593]
Neglecta n.	50 [614]	» braueri n. sp.		10 [574]
Obscura n.	20 [584]	» » var. latestriata n.		10 [574]
Philippiana n.	35 [599]	» *callistoma* Letourn.		62 [626]
Pleuropoma n.	57 [621]	» *cauestrinii* Adami		20 [584]
Pomatias Studer	2 [566]	» *carthusianum* Dupuy		22 [586]
» adamii Paul.	49 [613]	» cinerascens Rossm.		13 [577]
» » var. rudis Paul.	50 [614]	» *clessini* (Stossich) Hirc		53 [617]
» *affinis* (Benoit) Kobelt	42 [606]	» *concinnus* Letourn.		14 [578]
» *agriotes* Westerl.	41 [605]	» corcyrensis Westerl.		60 [624]
» alleryanus Paul.	31 [595]	» *crassilabrum* Dupuy		20 [584]
» *apostata* Westerl.	33 [597]	» cretensis Maltzan		62 [626]
» apricus Mousson	22 [586]	» *croaticus* L. Pfeiffer		43 [607]
» *arriensis* Saint-Simon	23 [587]	» *crossanus* Paul.		41 [605]
» *athenarum* Saint-Simon	59 [623]	» dalmatinus L. Pfeiffer		56 [620]

	Seite
Pomatias dionysi Paul.	60 [624]
» *doumeti* Letourn.	32 [596]
» **elegans** Clessin	11 [575]
» » var. **irregularis** n.	11 [577]
» » » **spectabilis** n.	11 [577]
» » » **oostoma** Westerl.	12 [576]
» » » **tumida** n.	12 [576]
» » » **similis** n.	12 [576]
» *elegantissimus* Paul.	49 [613]
» **elongatus** Paul.	48 [612]
» » var. **elegantissima** Paul.	49 [613]
» **cuboicus** Westerl.	46 [610]
» **eupleurus** Westerl.	42 [606]
» *excisus* Mousson	58 [622]
» *feuzianus* Letourn.	14 [578]
» *fimbriatus* L. Pfeiffer	22 [586]
» *fischerianus* Paul.	29 [593]
» *formosus* Letourn.	14 [578]
» *gardensis* Pini	17 [581]
» **gracilis** L. Pfeiffer	42 [606]
» » var. **martensiana** Möll.	43 [607]
» » » **croatica** L. Pfeiffer	43 [607]
» » » **reitteri** Boettger	45 [609]
» » » **sturanii** n.	45 [609]
» » » **stussineri** n.	46 [610]
» *gredleri* Westerl.	36 [600]
» **gualfinensis** De Stefani	40 [604]
» » var. **crosseana** Paul.	41 [605]
» » » **agriotes** Westerl.	41 [605]
» **hellenicus** Saint-Simon	61 [625]
» » var. **maxima** n.	61 [625]
» **henricae** Strobel	7 [571]
» » var. **illasiaca** Pini	8 [572]
» » » **strigilata** n.	8 [572]
» » » **illyrica** Westerl.	9 [573]
» » » **plumbea** Westerl.	9 [573]
» » » **hüttneri** n.	9 [573]
» » » *lyssogyra* Westerl.	7 [571]
» » » *glaucina* Gredler	7 [571]
» » » *strobeli* Pini	7 [571]
» **hidalgoi** Crosse	25 [589]
» » var. **hispanica** Saint-Simon	26 [590]
» *hirci* Hirc	15 [579]
» *hispanicus* Saint-Simon	26 [590]
» *hueti* Kobelt	20 [584]
» **insubricus** Pini	20 [584]
» *intermedius* Pini	17 [581]
» *isselianus* Bourg.	27 [591]
» **klecaki** Braun	55 [619]
» *labrosus* Westerl.	24 [588]
» *lapurdensis* Fagot	21 [585]
» *latasteanus* Letorn.	32 [596]
» **lederi** Boettger	16 [580]
» **letourneuxi** Bourg.	31 [595]
» » var. **henoni** Bourg.	32 [596]
» **lunensis** De Stefani	27 [591]
» *macrochilus* Westerl.	51 [615]
» **maltzani** Westerl.	34 [598]
» *martensianus* Möll.	43 [607]
» **martorelli** Servain	24 [588]
» » var. **rudicosta** Bofill.	25 [589]

	Seite
Pomatias martorelli var. **noguerae** Fagot	25 [589]
» *monterosati* Bourg.	31 [595]
» *montserratieus* Fagot	25 [589]
» *moussoni* Boettger	59 [623]
» **nanus** Westerl.	53 [617]
» » var. **dubia** n.	55 [619]
» » » **stossichi** Hirc	55 [619]
» **nouleti** Dupuy	23 [587]
» » var. **arriensis** Saint-Simon	23 [587]
» **obscurus** Drap.	20 [584]
» » var. **partioti** Saint-Simon	21 [585]
» » » **jetschini** n.	22 [586]
» *oostoma* Westerl.	12 [576]
» *palatilhianus* Saint-Simon	29 [593]
» *partioti* Saint-Simon	21 [585]
» **patulus** Drap.	39 [603]
» » var. **attivanica** (Fagot) Westerl.	40 [604]
» » » **planata** n.	40 [604]
» *pendix* Westerl.	34 [598]
» **perseianus** Kobelt	32 [596]
» » var. *zignensis* Kobelt	32 [596]
» **philippianus** (Gredler) L. Pfeiffer	35 [599]
» » var. **decipiens** De Betta	35 [599]
» » » *pachystoma* De Betta	35 [599]
» *pirajnoi* Benoit	30 [594]
» *plumbens* Westerl.	9 [573]
» **porroi** Strobel	36 [600]
» » var. **gredleri** Westerl.	36 [600]
» » » **valsabina** Pini	37 [601]
» » » **recondita** Pini	37 [601]
» » » **stabilei** Pini	37 [601]
» *puniceus* Letourn.	32 [596]
» *reconditus* Pini	37 [601]
» *regularis* Letourn.	63 [627]
» *reitteri* Boettger	45 [609]
» *rugosus* Clessin	42 [606]
» *sabaudianus* Bourg.	22 [586]
» **sardous** (Maltzan) Westerl.	33 [597]
» » var. **apostata** Westerl.	33 [597]
» **scalarinus** Villa	14 [578]
» » var. **schmidti** (De Betta) Cless.	15 [579]
» » » *hirci* Hirc	15 [579]
» *scalarinus* Adami	49 [613]
» *seguis* Westerl.	50 [614]
» **septemspiralis** Razoum.	16 [580]
» » var. **agardhi** Pini	17 [581]
» » » **heydeniana** Clessin	18 [582]
» » » **bosniaca** Boettger	18 [582]
» **sospes** Westerl.	47 [611]
» *stabilei* Pini	37 [601]
» *stossichi* Hirc	55 [619]
» **striolatus** Porro	26 [590]
» » var. **lunensis** De Stefani	27 [591]
» » » **isseliana** Bourg.	27 [591]
» » » **de phlippi** Pini	27 [591]
» **subalpinus** Pini	38 [602]
» **tergestinus** Westerl.	51 [615]
» » var. **tortiva** Westerl.	52 [616]
» » » **grahovana** Stossich	52 [616]
» **tesselatus** Rossm.	57 [621]
» » var. **achaica** Boettger	58 [622]

	Seite		Seite
Pomatias tesselatus var. coerulea n.	58 [622]	Pomatias ratsabinus Pini	37 [601]
» » » athenarum Saint-Simon	59 [623]	» villae (Spinelli) De Betta	50 [614]
» » » grisea Mousson	59 [623]	» waldemari n. sp.	25 [616]
» » » densestriata Hesse	59 [623]	» westerlundi Paul	62 [626]
» » » moussoni Boettger	59 [623]	Rara n.	16 [580]
» tortivus Westerl.	52 [616]	Rhabdotakra n.	19 [583]
» tunetanus Letourn.	32 [596]	Sardoa n.	33 [597]
» turricula Paul.	48 [612]	Scalarina n.	14 [578]
» turriculatus R. A. Phil.	29 [593]	Septemspiralis n.	16 [580]
» » var. caficii Benoit	30 [594]	Stereopoma n.	28 [592]
» » » circtica Westerl.	30 [594]	Striolata n.	26 [590]
» » » pirajnoi Benoit	30 [594]	Tesselata n.	57 [621]
» » » ericincola De Greg.	30 [594]	Titanopoma n.	62 [626]
» turritus Walderd.	56 [620]	Tunetana n.	31 [595]
» ischernagoricus Letourn.	62 [626]	Turriculata n.	29 [593]
» uziellii De Stefani	48 [612]	Turrita Westerl.	7 [571]
» vallae (Stossich) Westerl.	15 [579]		

Tafelerklärung.

Die Abbildungen wurden mit der Camera lucida und dem Zeichenapparate von Reichert in Wien nach Originalexemplaren oder solchen vom Originalfundorte ausgeführt. Die Vergrösserung ermöglichte die genaue Wiedergabe der Sculptur und der Verhältnisse des Mundsaumes.

TAFEL I.

Fig. 1 a, b, c Pomatias heuricae Strobel, Originalexemplar des Autors von Tezze. Fig. 1—6 Vergr. 6·5/1.
» 2 » » var. illasiaca Pini, Originalexemplar, Fundort Giazza.
» 3 » » » strigillata n., Fundort Cimolais.
» 4 » » » illyrica Westerl., Fundort Pontebba.
» 5 » » » plumbea Westerl., Originalexemplar von Triest.
» 6 » » » hüttneri n., Fundort Hallstatt.
» 7 a, b » » braueri n. sp., Fundort Klek bei Ogulin. Fig. 7—14 Vergr. 0·5/1.
» 8 » » var. latestriata n., Fundort Vakanski Vrh.
» 9 a, b » » elegans Clessin, Originalexemplar von Podgorje.
» 10 a, b » » var. oostoma Westerl., Fundort Zengg.
» 11 » » » irregularis n., Fundort Velebith.
» 12 » » » spectabilis n., Fundort Lukovo Žugarje.
» 13 a, b » » » tumida n., Fundort Visočica.
» 14 » » » similis n., Fundort Ostaria.

TAFEL II.

Fig. 15 a, b Pomatias cinerasceus Rossm., Fundort Ragusa. Fig. 15—24 Vergr. 9·5/1.
» 16 a, b, c » » scalarinus Villa, Fundort Zara.
» 17 » » » var. hirci Hire, Fundort Buccari.
» 18 » » » » » Fundort Zengg.
» 19 » » » » schmidti (De Betta) Clessin, Fundort Opčina.
» 20 a, b » » lederi Boettger, Fundort Kutais.
» 21 a, b, c » » septemspiralis Razoum., Fundort Culoz.
» 22 » » » var. agardhi Pini, Originalexemplar von Lovere.
» 23 a, b » » » heydeniana Clessin, Fundort Kapella bei Jezerane.
» 24 » » » bosniaca Boettger, Fundort Nemila.

TAFEL III.

Fig. 25 a, b, c   *Pomatias insubricus* Pini, Fundort Valle di Scalve. Fig. 25—34 Vergr. 6·5/1.
» 26 a, b, c   »   *obscurus* Drap., Originalexemplar.
» 27   »   »   Fundort Canterets.
» 28   »   »   var. *parlioli* Saint-Simon, Fundort Lourdes.
» 29   »   »   » *jetschini* n., Fundort Gerde.
» 30 a, b   »   *apricus* Mousson, Fundort Dent du Chat.
» 31 a, b   »   *nouleti* Dupuy, Fundort Foix.
» 32 a, b   »   » var. *arriensis* Saint-Simon, Fundort Dep. Ariége.
» 33 a, b   »   *berilloni* Fagot, Fundort Assat.
» 34   »   » var. *kobelti* n., Fundort Orduna.

TAFEL IV.

Fig. 35 a, b   *Pomatias martorelli* Servain, Fundort Monserrat. Fig. 35—39 Vergr. 6·5 1.
» 36   »   var. *rudicosta* Bofill, Fundort Eau Quinquilla del Montsech.
» 37   »   » *noguerae* Fagot, Fundort Defilé de Collagato, Noguera Palaresa.
» 38 a, b   »   *hidalgoi* Crosse, Fundort Orduna.
» 39   »   » var. *hispanica* Saint-Simon, Fundort Oviedo.
» 40 a, b   »   *striolatus* Porro, Fundort Genua. Fig. 40—43 Vergr. 9·5, 1.
» 41   »   » var. *lnuensis* De Stefani, Fundort Spezzia.
» 42   »   » » *isseliana* Bourg., Fundort Via Caffaro.
» 43   »   » » *de philippi* Pini, Fundort St. Margherita.

TAFEL V.

Fig. 44 a, b, c *Pomatias turriculatus* R. A. Phil., Fundort Mte. Pellegrino. Fig. 44—52 Vergr. 6·5/1.
» 45   »   »   Fundort Mte. Cuccio.
» 46   »   »   var. *caficii* Benoit, Fundort Mte. Gollo.
» 47   »   »   » *pirajnoi* Benoit, Fundort Insel Favignana.
» 48   »   »   » *ciretica* Westerl., Fundort Mte. Pellegrino.
» 49   »   *alteryanus* Paul., Fundort Calatafimi.
» 50 a, b, c   »   *letournenxi* Bourg., Fundort Roknia.
» 51   »   » var. *henoni* Bourg., Fundort Col des Oliviers.
» 52 a, b, c   »   *perscianus* Kobelt, Fundort Dschebel Bu Kornein.
» 53 a, b   »   *sardous* Westerl., Fundort Dorgali. Fig. 53, 54 Vergr. 9·5 1.
» 54   »   » var. *apostata* Westerl., Fundort Mte. d'Oliena.

TAFEL VI.

Fig. 55 a, b   *Pomatias philippianus* L. Pfeiffer, Fundort Rivoli. Fig. 55—63 Vergr. 9·5/1.
» 56   »   » var. *decipiens* De Betta, Fundort Mte. Baldo.
» 57 a, b   »   *porroi* Strobel, Fundort Val Brembona.
» 58   »   » var. *gredleri* Westerl., Fundort Val Ampola.
» 59   »   » » *valsabina* Pini, Fundort Anfo.
» 60   »   » » *stabilei* Pini, Fundort Pasturo.
» 61 a, b   »   *subalpinus* Pini, Fundort Valle di Pesio.
» 62 a, b   »   *atlanticus* Bourg., Fundort Gorges d'Isser.
» 63   »   » var. *pechaudi* Bourg., Fundort Beni-bou-Adou.

TAFEL VII.

Fig. 64 a, b   *Pomatias patulus* Drap., Originalexemplar des Autors von Montpellier. Fig. 64—74 Vergr. 9·5 1.
» 65   »   » var. *attivanica* Westerl., Fundort Frioul.
» 66   »   » » *planata* n., Fundort Serone.
» 67 a, b   »   *gualfineusis* de Stefani, Fundort Sassorosso.
» 68 a, b   »   » var. *crosseana* Paul., Fundort Lucchio.
» 69 a, b   »   » » *agriotes* Westerl., Fundort Umbrien.
» 70 a, b   »   *enpleurus* Westerl., Fundort Nebrodi.

Fig. 71 a, b   Pomatias gracilis L. Pfeiffer, Fundort Almissa.
 »   72   »   »   var. martensiana Möllend., Fundort Muč.
 »   73 a, b   »   »   » croatica L. Pfeiffer, Fundort Perušić.
 »   74   »   »   » reitteri Boettger, Fundort Kapella.

TAFEL VIII.

Fig. 75 a, b   Pomatias gracilis L. Pfeiffer var. sturanii n., Fundort Pljoševica gola. Fig. 75—85 Vergr. 9·5/1.
 »   76 a, b   »   »   var. stussineri n., Fundort Xanos.
 »   77 a, b   »   »   euboicus Westerl., Fundort M. Delphi, Euböa.
 »   78 a, b   »   »   sospes Westerl., Fundort Isoletto nel lago del Matese.
 »   79 a, b   »   »   elongatus Paul., Fundort Foci del Lucese.
 »   80   »   »   var. elegantissima Paul., Fundort Mte. Forato.
 »   81 a, b   »   »   adamii Paul., Fundort Mte. Stella.
 »   82   »   »   var. rudis Paul., Fundort Tiriolo.
 »   83   »   »   villae De Betta, Fundort Mte. Berico.
 »   84   »   »   tergestinus Westerl., Fundort Adelsberg.
 »   85 a, b   »   »   waldemari n. sp., Fundort Ogulin.

TAFEL IX.

Fig. 86   Pomatias villae De Betta, Fundort Mte. Berico. Fig. 86—94 Vergr. 9·5/1.
 »   87   »   tergestinus Westerl., Fundort Adelsberg.
 »   88   »   »   var. tortivi Westerl., Fundort Fiume.
 »   89   »   »   » grahovana Stossich, Fundort Grahovo.
 »   90   »   waldemari n. sp., Fundort Ogulin.
 »   91 a, b   »   manus Westerl., Originalexemplar.
 »   92 a, b   »   »   var. dubia n., Fundort Metla bei Trnovac.
 »   93 a, b   »   »   » stossichii Hirc, Fundort Ponikve.
 »   94 a, b   »   klecaki Braun, Fundort Insel Lesina.
 »   95 a, b   »   dalmatinus L. Pfeiffer, Fundort Mont. Falcone. Fig. 95 Vergr. 6·5/1.

TAFEL X.

Fig. 96 a, b   Pomatias tessellatus Rossm., Fundort Corfu. Fig. 96—107 Vergr. 6·5/1.
 »   97   »   »   var. achaica Boettger, Fundort Santameri.
 »   98   »   »   » coerulea n., Fundort Taygetos.
 »   99   »   »   » athenarum Saint-Simon, Fundort Livadia.
 » 100   »   »   » grisea Mousson, Fundort Kephalonia.
    101 a, b   »   dionysi Paul., Fundort Syrakus.
 » 102 a, b   »   corcyreusis Westerl., Fundort Scripero auf Corfu.
 » 103   »   hellenicus Saint-Simon, Fundort Agoriani.
 » 104 a, b   »   westerlundi Paul., Fundort Mte. Consolino.
 » 105 a, b   »   auritus Rossm., Fundort Cattaro.
 » 106   »   »   var. meridionalis Boettger, Fundort Canali.
    107   »   »   » panteia Letourn., Fundort Snježenica-Berg in Canali.
 » 108.   Deckel von P. (Pleuropoma) tessellatus Rossm. aus Corfu. Fig. 108—109 b Vergr. 9·5/1.
 » 109 a   Deckel von P. (Titanopoma) auritus Rossm. aus Cattaro.
 » 109 b   »   »   »   »   mit theilweise abgebrochener oberer Kalkplatte und sichtbarer Spiralleiste.
    109 c   Derselbe Deckel im Querschnitt (schematisch).

A. J. Wagner: Monographie der Gattung Pomatias Studer.

Taf. I.

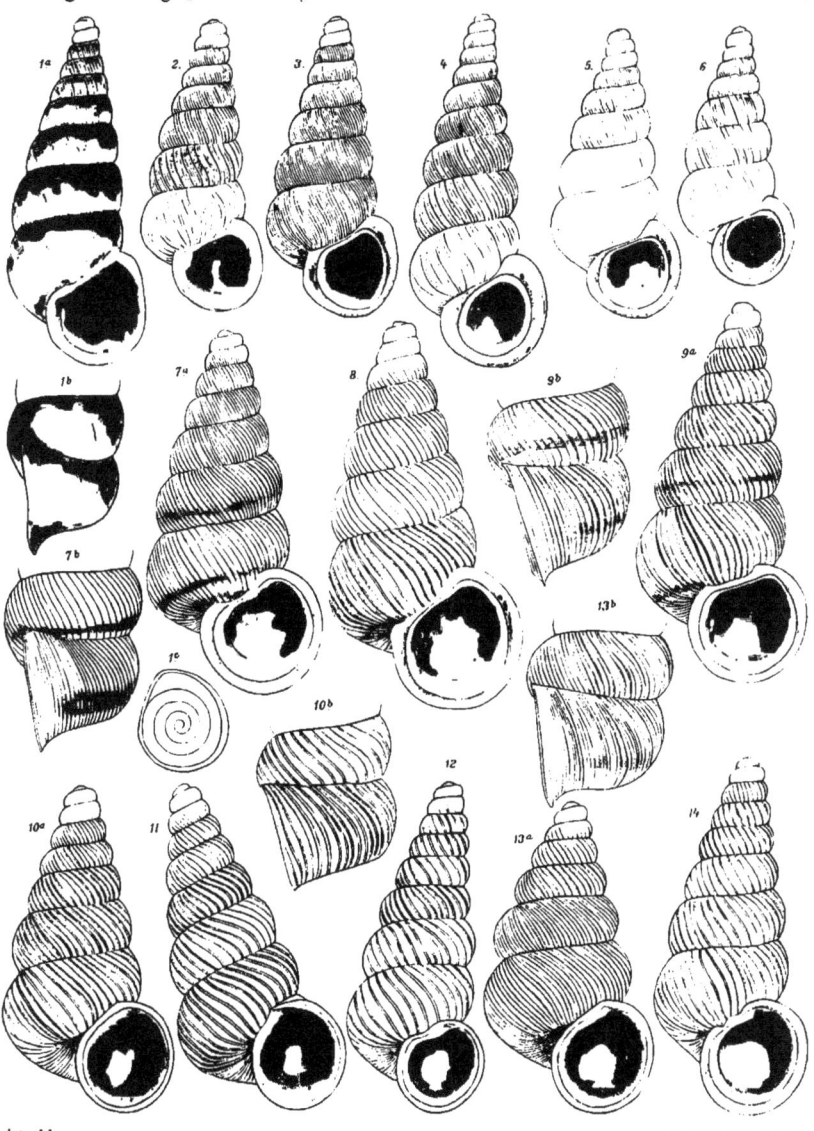

Autor del.

Denkschriften d. kais. Akad. d. Wiss. math.-naturw. Classe, Bd. LXIV.

A. J. Wagner: Monographie der Gattung Pomatias Studer. Taf. II.

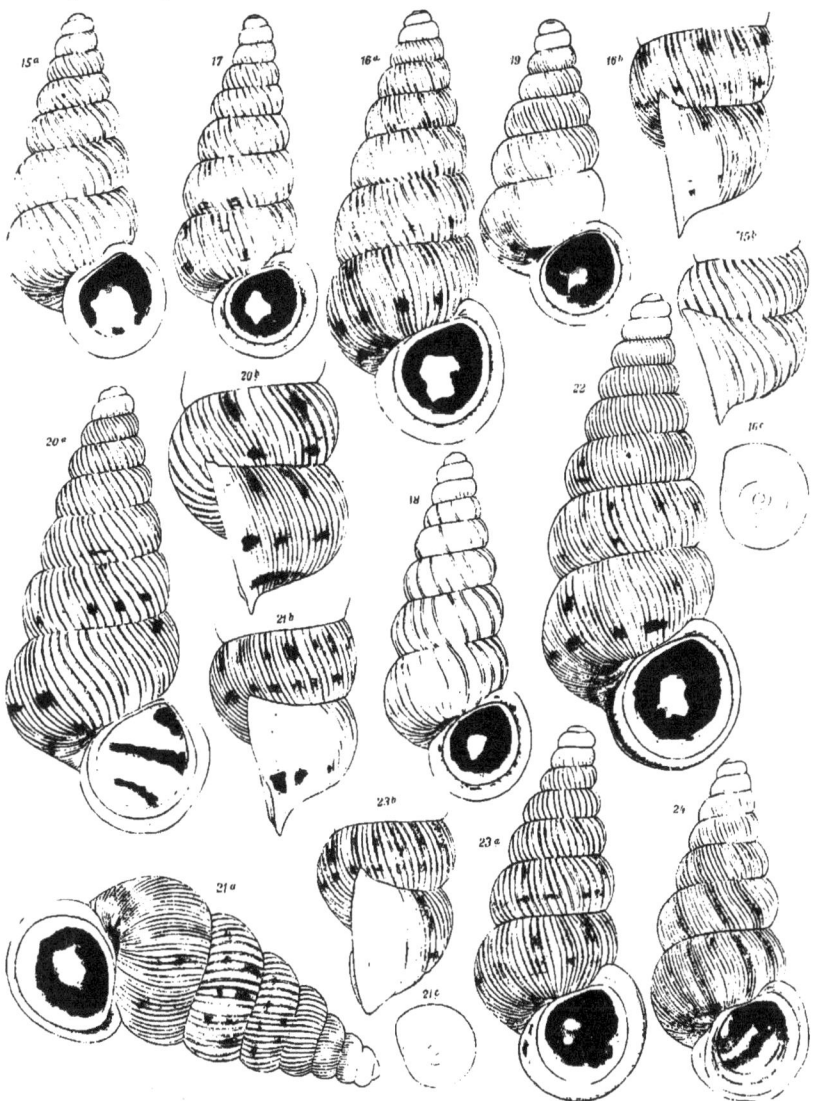

Denkschriften d. kais. Akad. d. Wiss. math. naturw. Classe. Bd. LXIV.

A.J.Wagner: Monographie der Gattung Pomatias Studer. Taf.III.

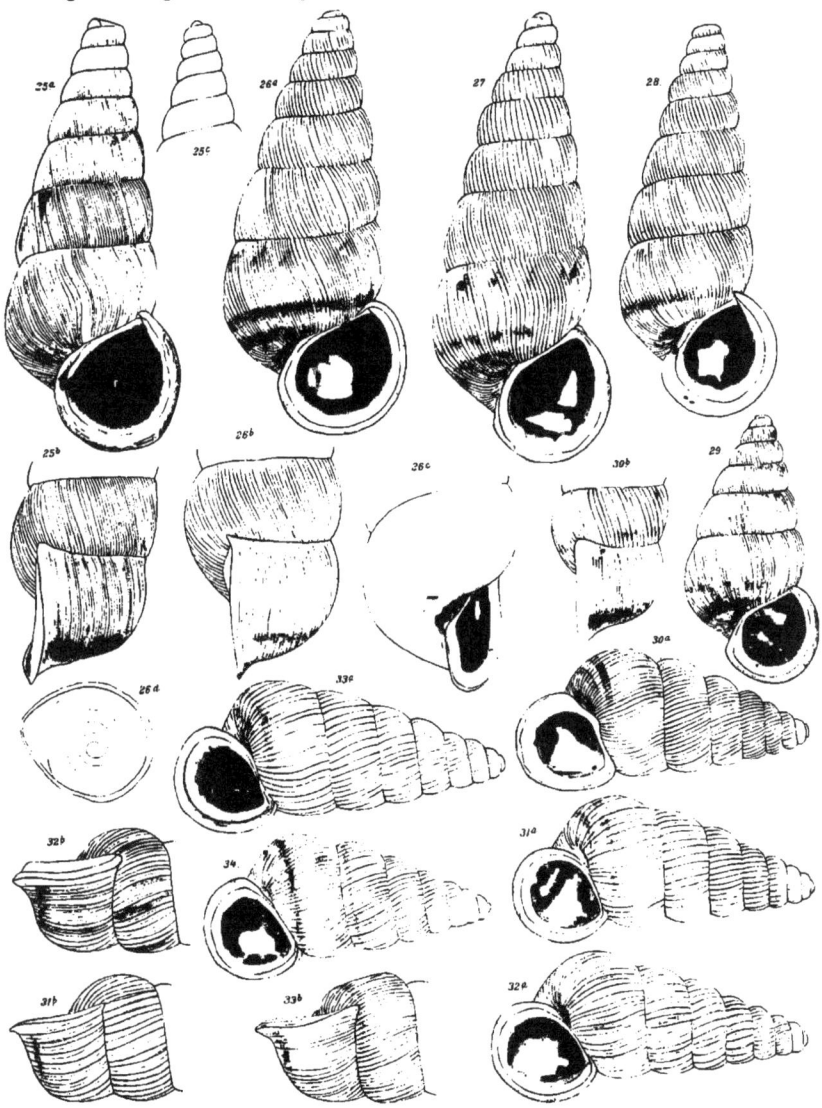

Autor del. Lith.Anst.v.Th.Bannwarth,Wien.
Denkschriften d. kais. Akad. d. Wiss. math.-naturw. Classe. Bd. LXIV.

A.J.Wagner: Monographie der Gattung Pomatias Studer. Taf. IV.

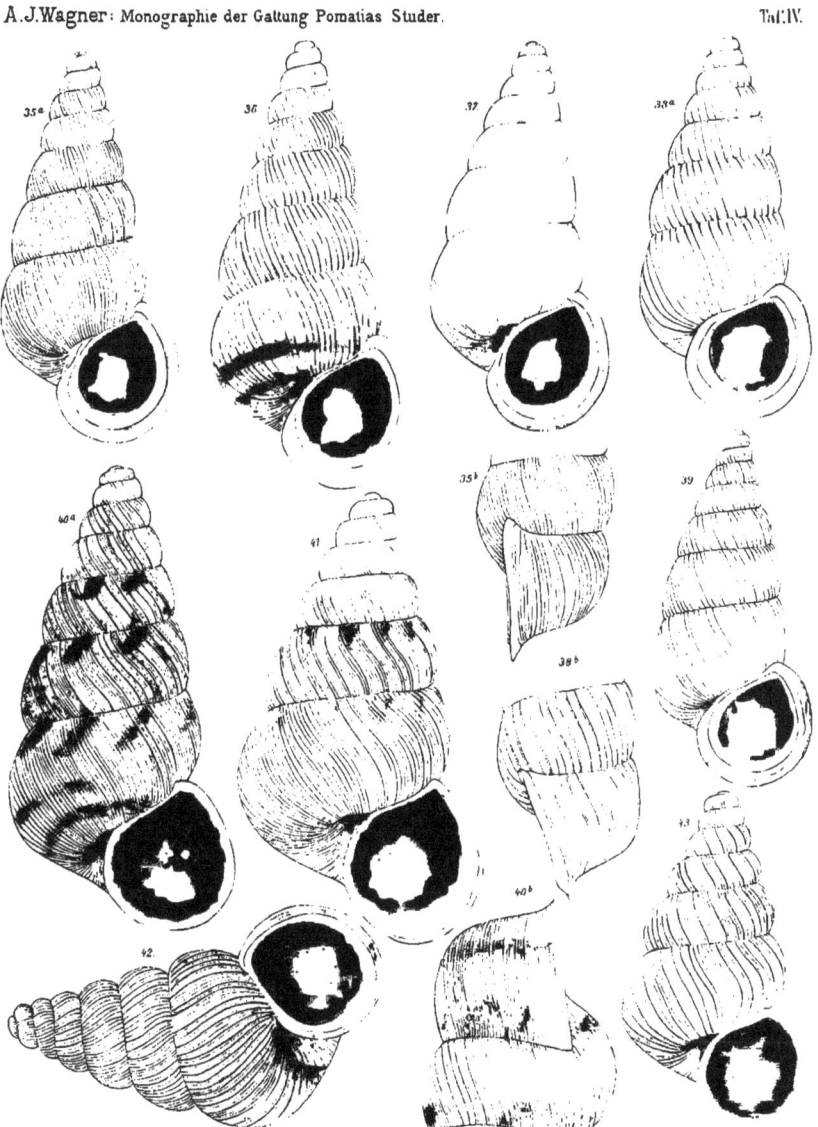

Autor del.

Denkschriften d. kais. Akad. d. Wiss. math.-naturw. Classe, Bd. LXIV.

A.J.Wagner: Monographie der Gattung Pomatias Studer. Taf. V.

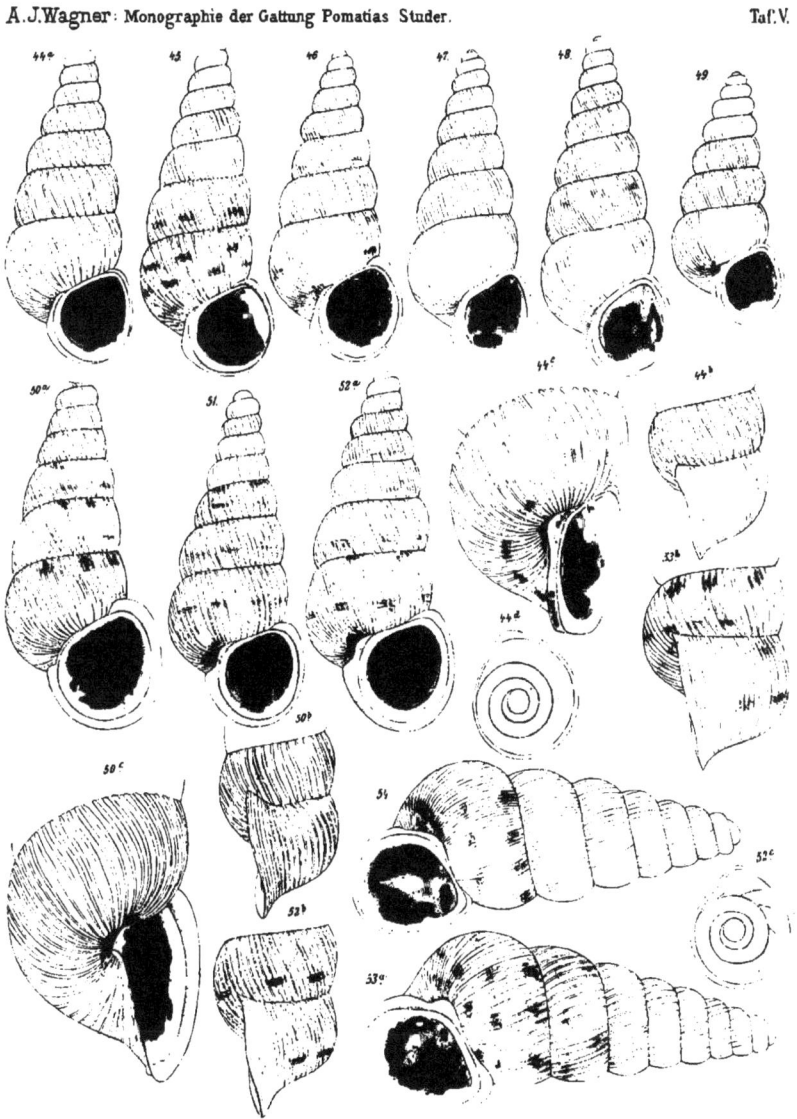

Denkschriften d. kais. Akad. d. Wiss. math.-naturw. Classe, Bd. LXIV.

A. J. Wagner: Monographie der Gattung Pomatias Studer. Taf. VI.

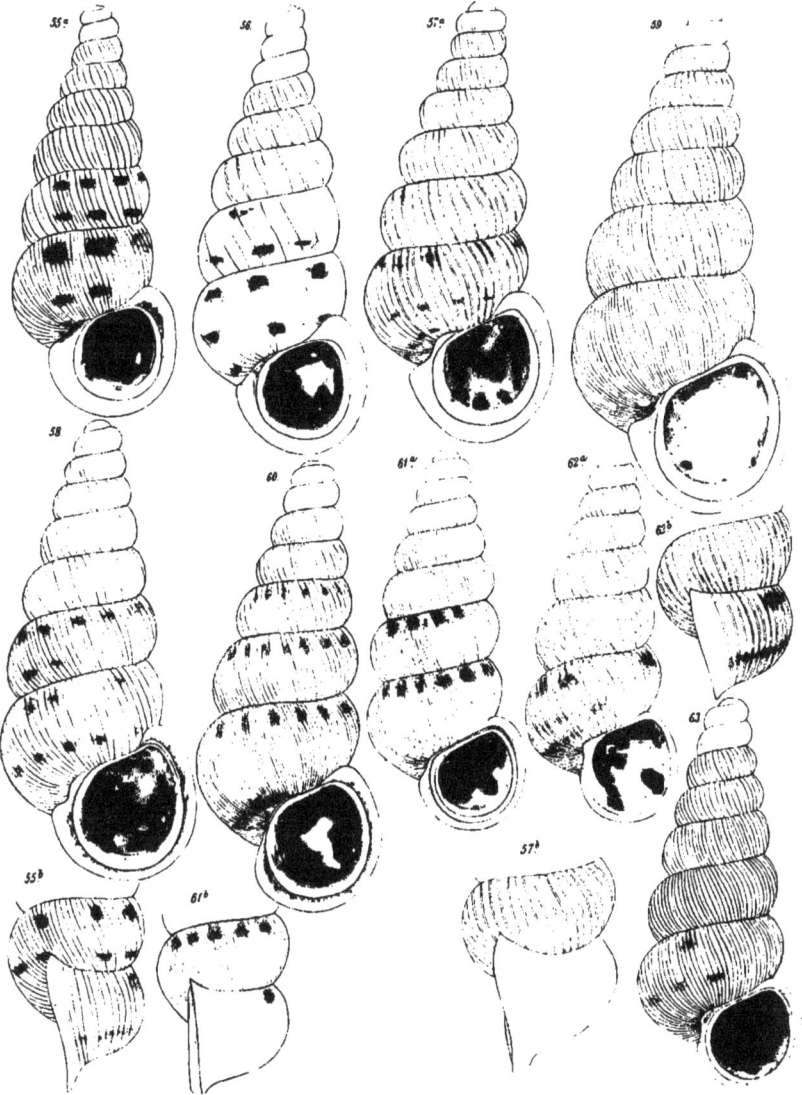

Denkschriften d. kais. Akad. d. Wiss. math.-naturw. Classe, Bd. LXIV.

A. J. Wagner: Monographie der Gattung Pomatias Studer. Taf. VII.

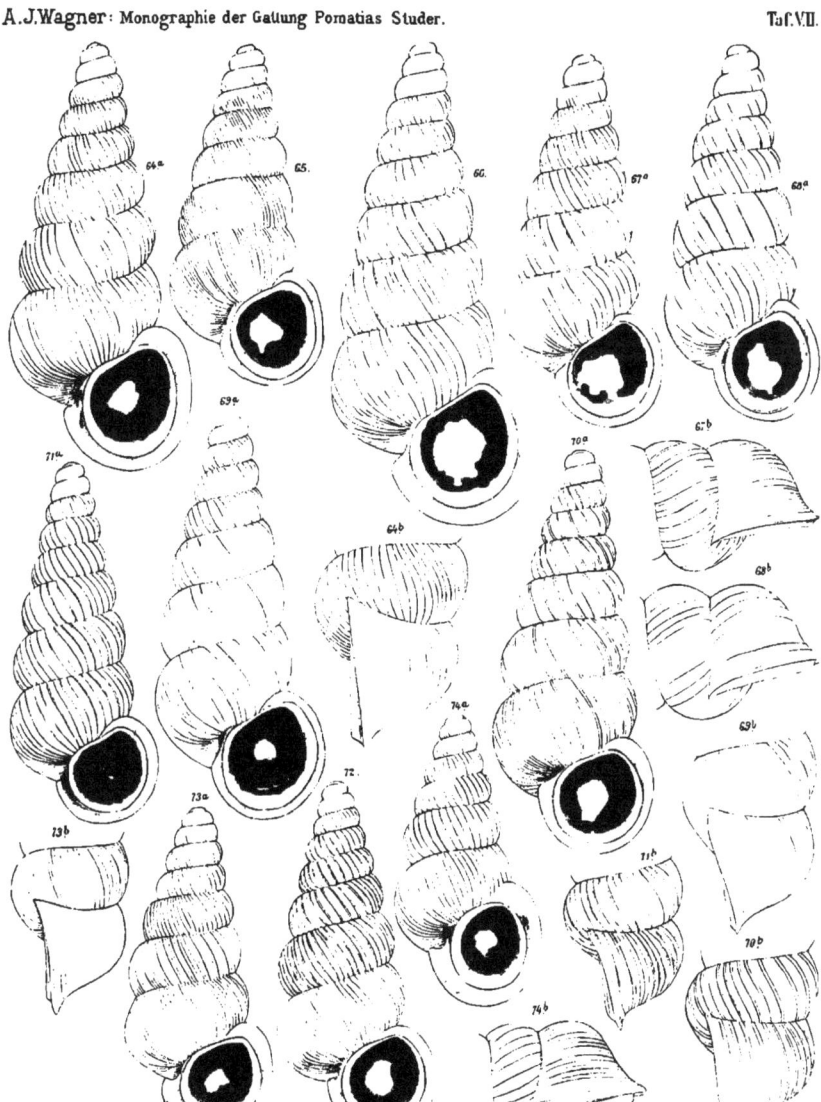

Denkschriften d. kais. Akad. d. Wiss. math.-naturw. Classe, Bd. LXIV.

A.J.Wagner: Monographie der Gattung Pomatias Studer. Taf. VIII.

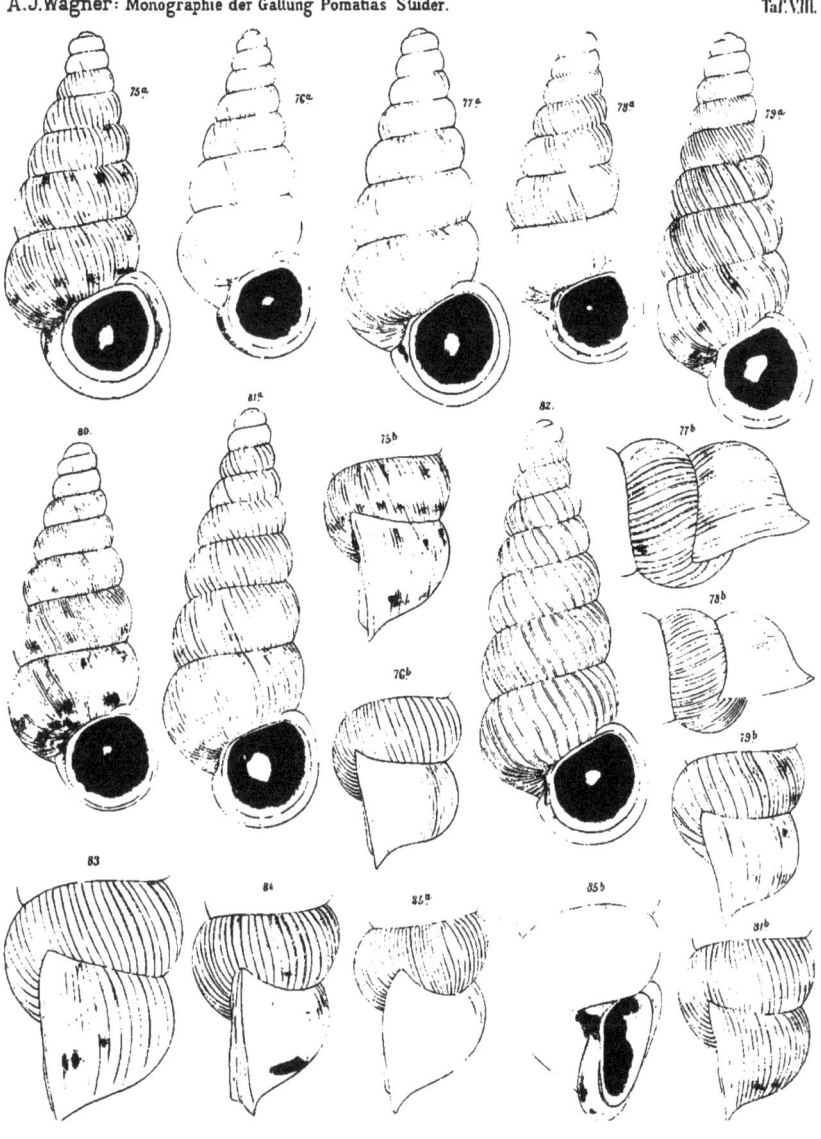

A.J.Wagner: Monographie der Gattung Pomatias Studer. Taf. IX.

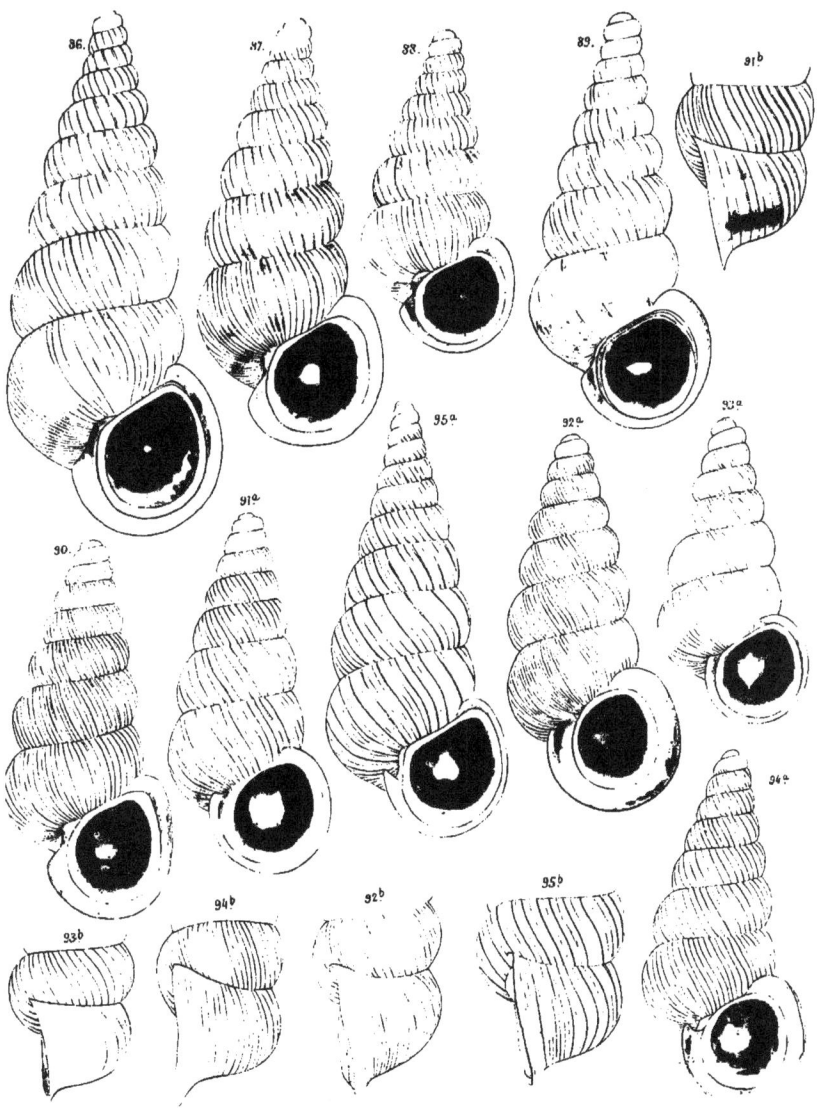

Denkschriften d. kais. Akad. d. Wiss. math.-naturw. Classe. Bd. LXIV.

A.J.Wagner: Monographie der Gattung Pomatias Studer. Taf. X.

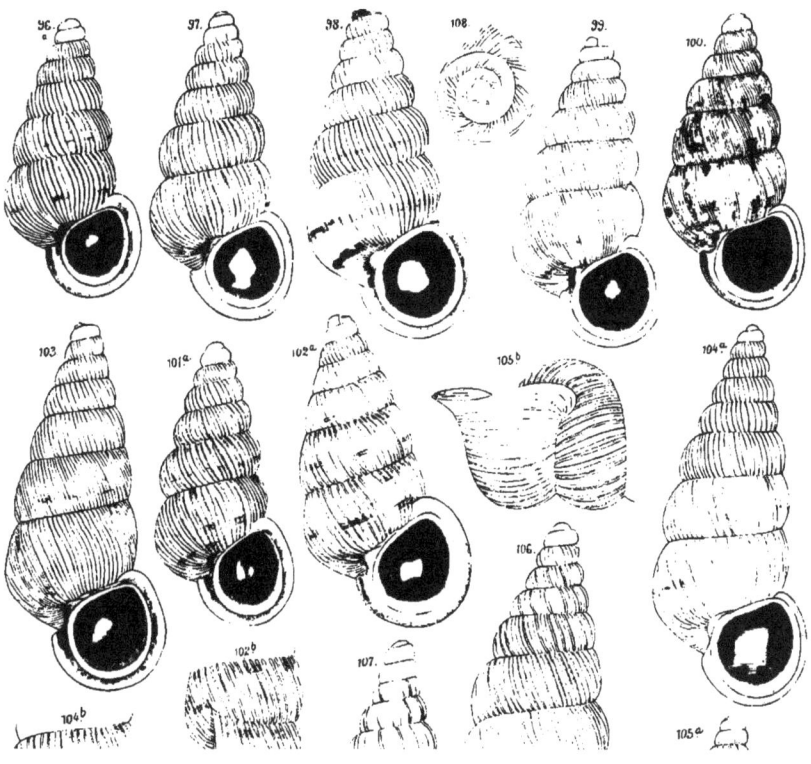

A. J. Wagner.

MONOGRAPHIE

DER

GATTUNG POMATIAS STUDER

VON

Dr. A. J. WAGNER,
K. U. K. REGIMENTSARZT.

(Mit 10 Tafeln.)

BESONDERS ABGEDRUCKT AUS DEM LXIV. BANDE DER DENKSCHRIFTEN DER MATHEMATISCH-NATURWISSENSCHAFTLICHEN CLASSE
DER KAISERLICHEN AKADEMIE DER WISSENSCHAFTEN.

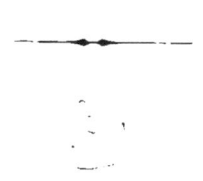

WIEN 1897.
AUS DER KAISERLICH-KÖNIGLICHEN HOF- UND STAATSDRUCKEREI

IN COMMISSION BEI CARL GEROLD'S SOHN,
BUCHHÄNDLER DER KAISERLICHEN AKADEMIE DER WISSENSCHAFTEN.